LE RENOUVEAU DU TRANSPORT ET DE LA LOGISTIQUE
LES SYSTÈMES D'INFORMATION

5-7, rue de l'École-Polytechnique ; 75005 Paris

http://www.editions-harmattan.fr

ISBN : 978-2-14-029694-9
EAN : 9782140296949

LE RENOUVEAU DU TRANSPORT ET DE LA LOGISTIQUE
LES SYSTÈMES D'INFORMATION

L'Harmattan

SOMMAIRE

THÈME

LES SYSTÈMES D'INFORMATION LOGISTIQUES ET TRANSPORTS À L'ÈRE DE L'INTERNET DES OBJETS

Hicham ABBAD
Nantes Université, Laboratoire d'Economie et de Management de Nantes-Atlantique (LEMNA)
Hicham.abbad@univ-nantes.fr
Aurélie MERCIER
Université Lumière Lyon 2, Laboratoire Aménagement Economie Transport (LAET)
aurelie.mercier@cnrs.fr

Depuis de nombreuses décennies, les systèmes d'information (SI) ont suscité l'intérêt de chercheurs et de praticiens issus de différents domaines. Certes, le système d'information repose souvent sur des technologies de l'information (ordinateurs, réseaux, logiciels, etc.) mais ne peut être défini qu'à partir du seul aspect technologique. Cette notion, beaucoup plus riche, doit être appréhendée en faisant référence à trois dimensions : l'information, la technologie et l'organisation. Dans le monde des affaires, le rôle des SI n'est plus à démontrer puisqu'ils permettent d'améliorer la fluidité des échanges et la synchronisation des activités entre les fonctions de l'entreprise (logistique, production, achats, etc.) et entre celles-ci et les autres acteurs économiques (clients, fournisseurs, transporteurs, prestataires de services logistiques, etc.). Leur diffusion ne concerne pas seulement les seules entreprises industrielles, commerciales et de services, mais aussi les services publics (hôpitaux, universités, etc.) et les associations.

Dans les domaines de la logistique et du transport, les systèmes d'information connaissent une évolution rapide qui transforme les activités et processus des entreprises. Cette évolution s'accélère avec l'apparition de nouvelles technologies de l'information et de la communication (TIC). Parmi ces technologies, l'Internet des Objets ou IdO (en anglais *Internet of Things* ou IoT), s'impose comme un élément majeur d'une véritable révolution digitale. En permettant une interconnexion entre l'Internet et des objets, l'IoT trouve de nombreuses applications aussi bien dans la logistique et les transports de marchandises que dans la mobilité des personnes. Pour la gestion des flux physiques, l'IoT permet aux systèmes internes (ERP (Enterprise Resource Planning), WMS (Warehouse Management System), TMS (Transport Management System), etc.) de communiquer avec les terminaux sur le terrain (lecteurs

RFID (Radio Frequency Identification), par exemple). Une telle connexion aide les entreprises à recueillir des informations pour le suivi des actifs mobiles (cartons, palettes, rolls, conteneurs...), la connaissance en temps réel de l'état des stocks ou le contrôle du respect de la chaîne du froid. Elle permet, plus globalement, aux acteurs une plus grande visibilité sur toute la chaîne logistique, allant des « fournisseurs des fournisseurs », en amont, jusqu'aux « clients des clients », en aval. Grâce à l'identification radiofréquence, l'IoT se présente comme une innovation technologique qui rend les objets plus intelligents, c'est-à-dire des objets capables de communiquer avec leur environnement. En transports, si le véhicule autonome est l'une des applications les plus connues, les systèmes d'aide à la mobilité, au covoiturage ou à l'autopartage ne peuvent se développer que grâce aux objets connectés.

Ce numéro spécial a pour ambition de dresser un état des lieux des métamorphoses des TIC dans et entre les entreprises et de montrer le rôle que ces technologies peuvent jouer dans la gestion d'activités logistiques et transport touchées par la révolution numérique IoT. Il vise plus précisément à procéder à une analyse des usages et pratiques actuelles et à questionner le futur des TIC dans les transports, la logistique et le *supply chain management*. Pour ce faire, nous avons sélectionné quatre articles.

Gilles Marouseau traite dans son article de l'usage des objets connectés dans le champ de la logistique en se focalisant sur deux points : la manière avec laquelle la technologie IoT peut faire évoluer les organisations logistiques d'une part, et les risques de cette technologie en termes de sécurité des usages pour les entreprises, d'autre part. L'objectif de cette recherche est d'attirer l'attention des utilisateurs (mais aussi des concepteurs) quant aux notions de développement et de sécurité des données produites et échangées à l'aide de l'IoT. L'étude exploratoire conduite a permis, tout d'abord, de distinguer quatre axes (identification, traçabilité, aide à la livraison et aide à la maintenance) servant de grille de lecture pour comprendre l'impact de IoT quant aux usages et aux bénéfices potentiels. Elle a également mis au jour cinq thèmes ayant trait à la sécurité (organisation, usage des objets, interconnexion, gouvernance de plateforme et protection des données) pour que les entreprises puissent surmonter les vulnérabilités possibles relatives à l'usage de ces objets.

Hicham Abbad, Gwenaëlle Lairet et Sonia Mahjoub abordent le phénomène de la non-adoption de la RFID (*Radio Frequency IDentification*) qui demeure la technologie phare de l'IoT pour l'identification et le suivi des produits tout au long de la *supply chain*. Cette recherche tente de comprendre ce phénomène en essayant d'identifier l'ensemble des freins entravant le recours à cette technologie dans les relations logistiques entre fournisseurs et distributeurs alimentaires. Elle s'appuie principalement sur une enquête qualitative menée auprès de managers de quatre industriels, de deux distributeurs et d'un prestataire logistique (18 entretiens semi-directifs au total). Les résultats de ces investigations empiriques montent que la non-adoption de la technologie radio s'explique par cinq facteurs : économiques (coût des puces et du matériel de réception et de transmission), organisationnels (transformation de l'organisation des activités, des processus et des infrastructures), réglementaires (absence de normes techniques harmonisées à l'international), éthiques (non-respect des libertés individuelles des consommateurs) et managériaux (difficulté d'accès des managers aux informations sur la technologie).

Dans une recherche positionnée à l'interface entre les articles managériaux et les articles techniques, **Ygal Bendavid, Mohamed Wael Hachani et Samad Rostampour** proposent le développement d'un prototype de magasin connecté, accessible pour les petites entreprises. Après la présentation d'une revue de la littérature sur les technologies RFID/IdO et leurs applications dans le secteur de la vente au détail, les auteurs exposent la démarche de recherche en science du design (*design science*) adoptée pour le développement de leur artefact/prototype de magasin connecté. La démonstration technique a permis de détailler le processus de design et de développement de l'infrastructure matérielle et logicielle de ce prototype. Il en ressort que les technologies RFID, comme standard dominant dans les magasins connectés, sont matures, stables, performantes et financièrement abordables. Au terme de cette recherche, les auteurs fournissent aux managers des éléments de discussion lors de la planification de tels projets de magasins connectés, à partir de technologies facilement accessibles sur le marché.

Yuan Hao, Fouzia Ounnar, Patrick Pujo et Gilles Paché s'intéressent au processus de sélection des prestataires de services logistiques (PSL) à l'ère de l'Internet Physique et de l'Internet des Objets. Ils s'attachent plus précisément à proposer une analyse en profondeur de ce processus de sélection lorsque sont associés des éléments liés au développement durable, et à examiner la façon dont ces éléments impactent le système logistique en mobilisant le modèle de la chaîne de valeur de Michael Porter. Après avoir effectué une revue de la littérature à partir de 80 articles publiés entre 1991 et 2018, les auteurs procèdent à une analyse des critères en deux étapes. La première, consistant en une description axée sur tous les critères et indicateurs recueillis à partir de l'état de l'art, a montré que, dans le processus de sélection des PSL, il y a une différence significative entre le nombre total d'indicateurs inhérents au développement durable par rapport aux autres types d'indicateurs (142/547). La seconde, menée en tenant compte du nombre de fois que les critères ont été cités par publication, a permis de mettre en évidence une liste de dix critères majoritairement utilisés pour la sélection de PSL. De l'ensemble des analyses, les auteurs concluent à une faible prise en compte des dimensions relatives à la durabilité au cours du processus de sélection des PSL.

Ces articles sont complétés par le point de vue de **Jean Coldefy** sur l'avenir des *smart cities*, ces villes « pilotées » par la technologie. Il revient ainsi sur les logiques contradictoires entre l'optimisation d'activités individuelles et la préservation des biens communs que met en évidence le développement d'outils numériques de gestion du trafic, par exemple. Si la technologie offre la possibilité d'une ville servicielle qui « communique » avec les habitants, il convient de s'interroger sur la définition et la finalité de la ville. Lieu de rencontres et d'interactions qui produisent de la richesse, la ville ne doit pas être réduite à une logique d'optimisation mais doit retrouver du sens *via* les outils numériques. La mobilité urbaine en est une bonne illustration : le développement des applicationss permet d'intégrer et de traiter en temps réel des quantités de plus en plus grandes de données pour réguler et optimiser les flux à court terme et, *in fine*, aider à la décision publique, à plus long terme. Toutefois, cette intégration *« interroge le rôle du public et du privé et de leur complémentarité »* pour donner du sens à cette coopération et tirer parti du numérique dans le sens de l'intérêt général.

Pour clore ce numéro, **François Fulconis** présente l'ouvrage intitulé « Le Maroc à la croisée des chemins de la logistique : Mélanges en l'honneur du Professeur Mustapha El Khayat » publié aux éditions de l'AMLOG en 2021. Cet ouvrage collectif témoigne des efforts entrepris par le Maroc pour développer son potentiel logistique dans un contexte international. Si la question des infrastructures logistiques et des enjeux modaux est traitée, elle se double d'une approche sur la stratégie et son évolution ainsi que sur l'intégration des chaînes logistiques dans différents secteurs de l'économie.

LOGISTIQUE ET SECURITÉ DES OBJETS CONNECTÉS

Gilles MAROUSEAU
Le Mans Université, Equipe ARGUMAN, Ecole Nationale Supérieure d'Ingénieurs du Mans (ENSIM)
Gilles.Marouseau@univ-lemans.fr

RÉSUMÉ

Depuis 2007 (avec l'apparition du premier smartphone d'Apple), il est possible d'affirmer que les objets connectés représentent une évolution technologique majeure (Benghozi et *al.*, 2008) car ils initient un changement à même de reconfigurer les processus de la *supply chain.* En offrant de nombreuses possibilités d'amélioration, les objets connectés permettent en effet de développer des avantages concurrentiels pérennes.
L'article traite de l'usage des objets connectés dans le champ de la logistique à partir d'une recherche visant à attirer l'attention des utilisateurs (mais aussi des concepteurs) quant aux notions de développement et de sécurité des données produites et échangées. Pour cela, une étude exploratoire par entretien a permis d'identifier quatre axes structurants (identification, traçabilité, aide à la livraison et aide à la maintenance) servant de grille de lecture pour comprendre l'impact de l'Internet des objets (IoT) quant aux usages et aux bénéfices potentiels. Corollairement, et afin que les entreprises puissent surmonter les vulnérabilités possibles de l'usage de ces objets, l'étude a également permis de mettre au jour cinq thèmes ayant trait à la sécurité et qui sont attachés à l'organisation, l'usage des objets, l'interconnexion, la gouvernance de plateforme et la protection des données afin que les entreprises puissent surmonter les vulnérabilités possibles de l'usage de ces objets.

Mots-clés : Objets connectés, Web 3.0, Logistique digitale, Sécurité, Innovation.

ABSTRACT
Logistics and security of connected objects

With the first Apple iPhone in 2007, connected objects represent a major technological evolution (Benghozi *et al.*, 2008). Offering huge room for improvements they redesign the supply chain processes and thus develop longlasting competitive advantages.
This paper focuses on the use of connected objects in supply chain attracting attention of users (but also designers) on development and security of produced and exchanged data. A scoping study has been implemented to understand impacts of Internet of Things (IoT) on use and potential benefits following four main directions (identification, tracing, delivery and maintenance assistance). Also, the study emphasizes five security items to help firms overcome potential security vulnerabilities within connected objects: organization, use, interconnection, platform governance and data protection.

Key words : Connected objects, Web 3.0, Digital logistics, Security, Innovation.
JEL Codes : O32, O33

INTRODUCTION

Selon la Cité de l'objet connecté d'Angers (2018), l'IDATE (2018) et Gartner Group (2018), il y aurait aujourd'hui 15 milliards d'objets connectés. Ce constat rejoint les prévisions de Fleisch (2010) qui avait estimé la quantité d'objets à 50 milliards pour l'année 2020 (soit 6 objets par personne) en y ajoutant les téléphones portables et les tablettes, voire 80 milliards si l'on rajoute aux équipements de communication M2M (*Machine to Machine*), les puces électroniques et étiquettes RFID (*Radio Frequency Identification*). En matière de logistique, les objets connectés constituent indéniablement une opportunité de modernisation, l'ajustement à son environnement technologique permettant alors à une organisation de créer des avantages compétitifs (Prahalad, Krishnan, 2008).

Si la notion d'objet connecté est complexe car elle concerne de multiples notions (Matériel, Intelligence et Connectivité), les différentes définitions qui émergent mettent en avant quatre caractéristiques essentielles (Benghozi *et al.*, 2008 ; Fleisch, 2010 ; Vermesan, Friess, 2011, Porter, Heppelmann, 2014) pour une utilisation en logistique :

1) la possibilité d'identification précise des objets ;

2) la possibilité de stocker, transférer, traiter et récupérer des informations ;

3) l'utilisation de dispositifs mobiles sans fil via un réseau de réseaux ;

4) la capacité d'au moins une action dans les champs de la mesure, du contrôle, de l'optimisation ou de l'autonomie d'un processus.

Ainsi, une problématique de recherche se fait jour pouvant être formulée de la façon suivante : de quelle manière l'internet des objets (IoT) peut faire évoluer les organisations logistiques ? Puis, par extension, quelles en sont les vulnérabilités afin d'assurer une sécurité des usages par les entreprises ?

Compte-tenu de l'émergence récente du phénomène (même si les premiers objets connectés sont apparus au début de ce siècle – le réfrigérateur LG en 2000 ou la lampe DAL en 2003), la recherche entreprise est de nature prospective car, compte-tenu de la multiplicité des objets, elle n'a pas atteint un nombre suffisant d'entretiens dans le secteur de la logistique permettant une étude qualitative ou quantitative robuste (ce qui constituera une prolongation du travail actuellement en cours).

De ce fait, seule une étude exploratoire a été conduite à travers l'examen de la littérature académique disponible ainsi qu'à l'écoute et à l'observation des pratiques de terrain de quatre entreprises en logistique. Ceci a conduit à pratiquer une dizaine d'entretiens auprès de spécialistes de ces quatre organisations : logisticiens, managers mais aussi ingénieurs de conception spécialisés en capteurs et en informatique embarquée (échantillon de convenance du fait de la faible disponibilité des managers de terrain). Pour faire émerger les thèmes de recherche, ces entretiens semi-directifs avec guide à réponses libres ont donné lieu à une analyse thématique manuelle après retranscription et codage ouvert, axial et sélectif, ce qui était la méthode la plus simple et la plus rapide compte-tenu de la modestie du nombre d'entretiens (conformément aux recommandations de Fallery et Rodhain, 2007). Enfin, cette recherche est complétée par l'examen de multiples données secondaires collectées (principalement des ressources numériques issues de la presse professionnelle).

Dans un premier temps, l'étude présente une synthèse des atouts du monde des objets connectés. Puis, dans une deuxième partie, les opportunités de l'utilisation de ces objets pour la logistique sont analysées pour procéder, dans un troisième temps, à l'étude des risques et vulnérabilités mises au jour par les entretiens. Enfin, un questionnement prospectif est mené concernant la sécurité des usages des objets connectés par l'énonciation de perspectives de recherche. L'intégration de ces dimensions permet d'esquisser l'ébauche d'une architecture conceptuelle suivante (Figure 1) :

Figure 1. Architecture conceptuelle de l'étude de l'IoT en logistique (Réalisation de l'auteur)

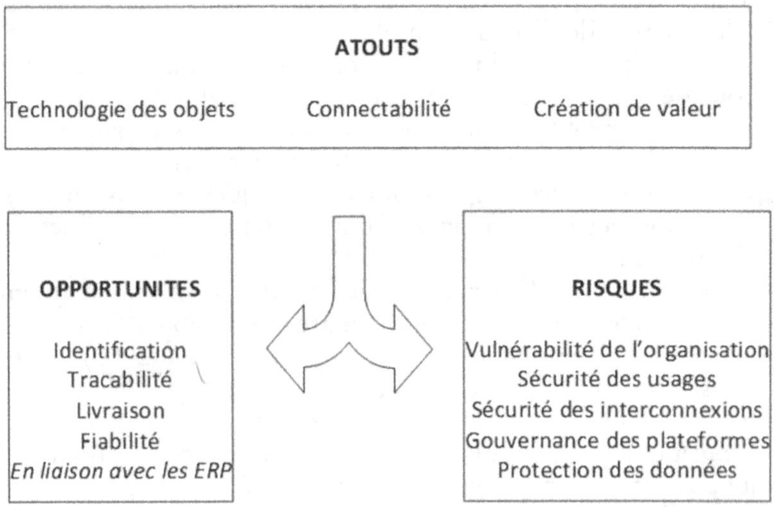

1. LES ATOUTS DES OBJETS CONNECTÉS

Porter et Heppelmann (2014) basent leur présentation des objets connectés par un système de « *poupées gigognes* », chaque nouvelle entité englobant la précédente : Objet > Objet intelligent > Objet intelligent et connecté > Système de l'objet > Système des systèmes. Dans cet esprit, l'approche de cet article se fait en trois temps : l'étude des objets (apports technologiques qui regroupent les trois premières strates développées par Porter et Heppelmann, 2014) puis l'étude du système de l'objet (apports de la connectabilité) et enfin l'étude de la création de valeur (apports de la valeur de la donnée).

1.1. La technologie des objets

Conformément au modèle d'alignement stratégique de Henderson et Venkatraman (1992), les objets connectés sont tout d'abord des objets dont le développement est poussé par les offreurs de technologie (augmentation des performances et baisse des coûts) et tiré par la demande des utilisateurs (efforts pour rester compétitif grâce à la logistique). Ces objets sont donc des vecteurs d'intégration et ils constituent la force motrice d'une logistique « digitale », ce qui en rend stratégique leur appropriation.

Du fait des progrès de la technologie, il existe aujourd'hui une grande variété d'objets allant des capteurs d'information (capteurs et micro-systèmes MEMS), des connecteurs de proximité (routeurs, passerelles, déclencheurs), des étiquettes radio (RFID) ou graphiques (QR code) à des dispositifs centralisant des données (commutateurs et collecteurs, logiciels *Big Data* et *Smart Data*). A cela, il convient également de ne pas omettre les apports de la réalité virtuelle et augmentée (détecteurs de mouvements, de sens, d'images, ...) et les progrès en matière de traitement en temps réel ou de prototypage rapide (imprimante 3D).

Cette évolution suppose des réponses aux contraintes actuelles de ces objets connectés (Chauvenet, 2015) :

- aspect énergie : ces objets doivent fonctionner longtemps sans intervention humaine, et aujourd'hui, certains tags RFID peuvent durer 15 ans d'où la nécessité d'une consommation énergétique minime ;
- aspect autonomie : être capable de s'adapter au changement de l'environnement en interagissant avec son environnement tout en se protégeant des perturbations ;
- aspect taille : plus ils sont petits et plus ils sont faciles à implanter d'où la tendance actuelle à une miniaturisation poussée ;
- aspect coût : le potentiel de ce secteur doit mener rapidement à une baisse du prix des objets du fait de la massification de leur utilisation.

Parmi tous ces objets, Lee et Lee (2015) en ont distingué cinq qui paraissent essentiels : les étiquettes RFID, les capteurs sans fil, les logiciels médiateurs (*middleware*), l'infonuagique (*cloud computing*) et les applications embarquées. En combinant ces objets, il est possible aujourd'hui de concevoir de nouveaux systèmes de management en distribution (Kaur, Kaur, 2018 ; Holmström *et al.*, 2019) qui, par une encapsulation numérique, facilitent une redistribution des activités et développent l'interactivité. Une approche utilisant la notion de capacité dynamique (Teece, Pisano, 1994) semble également prometteuse pour classifier les projets en IoT par niveaux de préparation des entreprises (nouveautés technologiques, capacité d'intégration et domaines d'application) (Ancarani *et al.*, 2019 ; Dunaway *et al.*, 2019).

1.2. La connectabilité des objets connectés

Outre la variété des objets, la nouveauté de l'IoT repose sur la connectabilité entre les objets, ce qui explose le nombre de connexions et nécessite un renforcement de la capacité des réseaux. Cette génération de données est facilitée lorsque les acteurs peuvent facilement interagir avec leurs objets via une tablette ou un smartphone, mais surtout dès lors que les machines peuvent dialoguer entre elles. Cette interopérabilité est un déterminant fort de l'adoption des solutions IoT (Ancarani *et al.*, 2019 ; Dunaway *et al.*, 2019 ; Vermesan *et al.*, 2013). Vermesan et Friess (2011) ont synthétisé ce monde 3.0 à l'aide du modèle 6A (*Anything, Anytime, Anyone, AnyPlace, AnyService and AnyNetwork*) permettant à n'importe qui d'obtenir n'importe quoi, n'importe quand, en étant n'importe où, par l'utilisation de n'importe quel réseau *via* n'importe quel service. Cette facilité de connexion devient alors la source d'une commodité et d'une diffusion quasi-illimitée des avantages possibles de l'IoT.

1.3. La création de valeur par les objets connectés

« La donnée est une source de création de valeur » (CIGREF, 2014) et *« l'intérêt de l'objet réside avant tout dans les données qu'il génère, celles-ci étant nécessaires à la mise en place de services »* (OPECST, 2018). Si les efforts en *Big Data* commencent par la récupération, l'accumulation et le stockage des données, ils seraient sans valeur si les modèles ne développaient pas également une analyse de ces données afin de produire une nouvelle information, susceptible d'une aide à la prise de décision. Cette gestion des données est l'un des impacts majeurs de l'IoT (Seetharaman *et al.*, 2017). La vraie valeur réside donc dans la qualité de la donnée et l'apport des algorithmes de traitement de ces données et de leurs impacts sur la performance logistique.

Cette création de connaissances doit être jumelée avec une capacité d'innovation de l'organisation pour aboutir à une réussite en termes de performance et passer d'une logique technicienne (diffusion) à une logique managériale (appropriation). Au lieu de numériser le passé, il convient d'imaginer l'avenir (Charles, 2018).

Grâce à ces trois atouts (technologie-connectabilité-création de valeur), les entreprises en logistique peuvent exploiter au mieux les opportunités présentées par l'Internet des Objets. Cette appropriation peut s'analyser au travers d'une grille de lecture issue des quatre impacts (identification-traçabilité-aide à la livraison-fiabilité) mis au jour dans l'étude exploratoire des entretiens en matière de « logistique connectée ».

2. LA LOGISTIQUE DIGITALE ET OBJETS CONNECTÉS

L'Internet des Objets en matière industrielle et logistique présente des impacts multiples et soulève de nombreuses questions (Gnimpieba *et al.*, 2015 ; Haddud *et al.*, 2017 ; Birkel, Hartmann, 2019). Comme décrit dans l'introduction, l'analyse du contenu des dix entretiens menés au cours du second semestre 2018 au sein de quatre entreprises évoluant dans le secteur logistique a fait apparaître quatre thèmes qui constituent quatre opportunités aidant à la compréhension de l'IoT.

2.1. L'identification et la visibilité des produits

Les logisticiens rencontrés au cours de cette étude attendent principalement une amélioration des processus d'inventaire engendrée par une meilleure identification des produits. Dès l'origine, l'échelle de suivi des approvisionnements est l'article et non plus le colis, la palette ou le conteneur.

Dans l'industrie textile, cette identification précise du produit peut s'appuyer sur le système RFID (ou GSM) qui code l'ensemble des commandes en modèles et tailles dès l'entrepôt et jusqu'en magasin. Grâce à cette technologie, il devient possible de lire des milliers d'objets à distance, de façon instantanée et automatisée, sans saisie manuelle, premier pas vers une dématérialisation des documents nécessaires à la *supply chain*, ce qui entraîne une grande fiabilité des données recueillies.

De plus, des services additionnels aux objets sont susceptibles d'être utilisables tout au long de la vie de l'objet. Ainsi, après le positionnement transactionnel qui a eu lieu lors de l'achat (modèle du *Marketing Mix*), doit apparaître un modèle relationnel basé sur la fourniture de services et dont le modèle économique est l'abonnement...ou la revente des données recueillies, ce qui nécessite l'identification précise de l'objet pour une relation *one-to-one*.

La disponibilité actuelle (et future) d'un article peut être obtenue rapidement afin de « guider » le logisticien sans perte de temps vers l'article convoité, ce qui autorise un réapprovisionnement automatique, comme l'ont démontré les enseignes Zara et Décathlon (Dougados, Perea, 2015). Grâce à une solution innovante de balises RFID encapsulées dans les dispositifs antivols des vêtements, Zara a mis au point un système de *tracking* complet (solution conçue par Checkpoint Systems), ce qui optimise le niveau des stocks et simplifie le contrôle et le réapprovisionnement en divisant par huit le coût d'inventaire d'une boutique (car cette dernière peut se comporter comme un mini-centre de traitement des informations). Ce gain en efficacité améliore également le service au client, ceci notamment en e-commerce. Ces balises RFID évitent les vols dans les lieux de stockage (entrepôts puis magasins) et sont susceptibles d'être utilisées pour lutter contre la contrefaçon, « l'histoire » du produit pouvant être lue facilement par un opérateur ou même un client.

En résumé, du fait de la facilité d'identification fine des produits, l'Internet des Objets offre la possibilité de proposer des services logistiques différenciés à chaque utilisateur tout en permettant la mutualisation d'espaces communs d'entreposage entre plusieurs entreprises. Les prestataires espèrent ainsi maximiser le taux d'occupation des emplacements et répondre à des projets de terminaux urbains multimodaux, comme par exemple, les terminaux ferroviaires urbains de « Centre Chapelle international » ou « Bercy Charenton » à Paris.

2.2. La traçabilité des flux et de l'optimisation de la *supply chain*

A l'instar de Fabbe-Costes (2013), il est envisageable de parler de « traçabilité totale » afin de construire une vision d'ensemble de la chaîne logistique. Le concept de « *supply chain visibility* » permet ainsi de comprendre que *« capter l'information puis la partager afin d'anticiper les aléas et de gérer les risques ou de s'adapter au contexte, sont autant de sujets stratégiques pour les logisticiens »* (Roussat *et al.*, 2018). Ce faisant, l'IoT enrichit la relation entre offre et demande (Caro, Sadr, 2019). Dans une logique omnicanal, le consommateur peut acquérir des informations *via* un canal pour ensuite acheter *via* un autre canal. Il apparaît ainsi un découplage entre la fonction « fournir des informations » et la fonction « fournir des produits » qui nécessite une gestion plus sophistiquée avec de multiples opportunités d'innovation selon la capacité de productivité et d'amélioration des objets et selon leur impact (Caro, Sadr, 2019).

En outre, en matière de transport, la technologie actuelle des étiquettes RFID permet, à moindre coût, de suivre les articles, ce qui simplifie les procédures papier pour les conducteurs grâce à une automatisation des métiers (pour l'édition automatique des documents de transport ou des déclarations douanières, par exemple). Ce suivi dynamique offre une localisation précise des flux physiques et ainsi valorise le pilotage de la chaîne d'approvisionnement de l'entreprise.

Dans une même visée, des capteurs peuvent analyser les conditions de transport comme l'humidité et la température. Pour le respect de la chaîne du froid lors du transport de denrées alimentaires, les capteurs actuels sont principalement chimiques : une capsule change de couleur lorsqu'une différence de température intervient. Mais ces capteurs donnent donc une information *a posteriori* (à l'occasion de la livraison), ce qui entraîne un coûteux refus de la livraison. Avec les objets connectés, la rupture de la chaîne du froid est détectée en temps réel (durant le transport ou le stockage), ce qui permet d'intervenir sans délai pour sauvegarder les qualités des aliments mais aussi de définir les responsabilités des acteurs de la *supply chain*.

Enfin, cette visibilité des flux en temps réel confère divers avantages connexes. Pour un entrepôt, les techniques de groupage et de dégroupage des chargements de différents clients sont facilitées, ce qui accélère la mutualisation des moyens de transport. L'autonomie des conteneurs de transport permet ainsi de décentraliser les processus et de les désynchroniser des processus logistiques classiques, chaque conteneur « gérant » de façon autonome, son acheminement jusqu'à son destinataire final.

2.3. L'aide à la livraison en magasin et à domicile

Durant cette étude, les logisticiens interrogés pratiquaient tous une logistique aval, ce qui explique que la dimension « livraison » de la logistique connectée apparaît comme primordiale. Ils en attendent une optimisation des tournées en temps réel en adaptant les parcours en fonction de la situation réelle de circulation, ce qui procure un gain de temps et un gain écologique par une empreinte carbone moindre.

Parmi les progrès cités par les professionnels, des solutions de porte-monnaie intégré sont attendues, la puce RFID étant créditée d'une somme d'argent qui, au fur et à mesure des étapes d'acheminement, sert à payer les prestataires logistiques durant les différentes étapes de l'acheminement. Pour les prestataires en relation avec le client final en e-commerce, une autre attente concerne la diminution des échecs de livraison à domicile. Avec le rachat de la *start-up* Ring, Amazon investit dans le domaine des serrures connectées, ce qui bouleversera la livraison à domicile s'il devient possible d'ouvrir la porte d'un client en dehors de sa présence (mais, bien sûr, avec son accord).

Pour finir, il est possible d'imaginer un « Internet physique » où, d'un simple clic, l'expédition d'une marchandise serait lancée puis le parcours de transport serait optimisé au plus juste économiquement et écologiquement pour que la livraison ait lieu dans le bon délai, au bon endroit et au bon moment (Le Roch, Ballot, 2013 ; Ballot, Montreuil, 2014).

2.4. La fiabilité des installations

Les objets connectés apportent une aide décisive lors des diverses phases de contrôle des installations et des matériels. Dotés d'une autonomie de diagnostic, ils peuvent communiquer à distance pour prévoir une intervention humaine ou robotisée. Grâce à des images capturées avec des lunettes par un opérateur, un expert peut, à distance, détecter une anomalie et proposer une solution. Ce gain de temps est également un atout en termes de fiabilité et de productivité car, en s'appuyant sur des développements de la réalité virtuelle (ou de la réalité augmentée), l'opérateur « assisté » devient plus efficace. En matière de logistique externe, le fonctionnement des flottes de transport est fiabilisé tandis qu'en matière de logistique interne, les arrêts imprévus de la *supply chain* sont minimisés, ce qui accroît la fluidité des approvisionnements et des mouvements des pièces et des colis.

Parallèlement, cette efficacité se double d'une meilleure protection et de meilleures conditions de travail pour les personnels concernés. Des systèmes de guidage de chariot élévateur à l'aide d'étiquettes RFID commencent à voir le jour tandis que les transmissions wifi ou bluetooth suppriment les câblages auparavant gênants et quelquefois responsables d'incidents ou d'accidents. Ces améliorations ont une incidence sur les accidents au travail mais aussi sur la pénibilité du travail en logistique (Gnimpieba *et al.*, 2015).

En conclusion, l'Internet des Objets présente des solutions sérieuses pour faire face aux défis actuels de la logistique *i-e* l'incertitude de la demande, la coordination et la gouvernance globale de la chaîne logistique et la collaboration des acteurs pour un contrôle intelligent et dynamique.

3. LA SÉCURITÉ DES OBJETS CONNECTÉS

Face aux opportunités vues précédemment, différents éléments constituent autant de risques si leur implantation est insuffisamment préparée. Ainsi, dans un premier temps et afin d'intégrer les objets dans la gestion de l'entreprise, le système d'information suppose une parfaite connectabilité qui n'a de sens que si l'organisation détient la maîtrise de son parc informatique et mobile. Cela passe par une optimisation continuelle des données (système de type MDM – Mobile Device Management).

« L'internet des objets n'est pas une technologie mais bien un système de systèmes … un réseau de réseaux » (Benghozi *et al*, 2008). Si aujourd'hui 30 % des connexions avec les objets passent par les utilisateurs, il y a déjà 70 % des connexions qui se font entre objets. Se pose alors la question de l'autonomie et de la régulation de l'action de ces objets. Cette question de la défiance amène à une interrogation concernant l'acceptabilité sociale de ces objets (Ouakrat, 2014) puis de la sécurité « numérique » des objets, des communications, des lieux de stockage (notamment le *Cloud*) et, enfin, des données.

L'analyse du contenu des entretiens menés dans le cadre de l'étude exploratoire fait émerger cinq préoccupations ayant trait à la sécurité de l'IoT qui sont développées dans cette partie.

3.1. Vers une nouvelle vulnérabilité des organisations

L'évolution de l'IoT entraîne une refonte complète des logiciels de gestion de la *supply chain* qui deviennent de plus en plus interactifs avec non seulement l'utilisateur, mais aussi avec les objets. Or, l'implantation d'objets connectés ne garantit pas une efficience de gestion : les erreurs d'inventaires et de réapprovisionnements du distributeur américain Walmart (et de ses 200 premiers fournisseurs) entre 2003 et 2010 prouvent qu'un système RFID doit être mûrement réfléchi avant de produire des résultats intéressants quant à la gestion des stocks et des réapprovisionnements (Olanie, 2007). Le système d'information de l'entreprise doit être suffisamment souple pour faire face à sa remise en cause provoquée par les objets connectés et ainsi d'atténuer les risques d'une intégration imparfaite (Fosso Wamba *et al.*, 2009).

Tous les professionnels ont déclaré que l'intégration d'objets connectés multiplie le volume de données à traiter. Cette faculté d'un système informatique à s'adapter à un volume croissant d'informations est aujourd'hui dénommée « scalabilité » (*scalability*). Partant du constat que la capacité du matériel n'est pas extensible à l'infini, en particulier le débit des réseaux et la capacité des disques durs, l'introduction d'objets connectés entraîne une augmentation du nombre de requêtes ou travaux devant être traités dans un temps donné. Au-delà d'un certain volume, les demandes sont multiplexées et la concurrence entre les demandes traitées simultanément provoque des délais d'attente allongés, voire des effondrements de réseaux.

3.2. La sécurité de l'usage des objets

Même si la protection d'un objet est prévue dès sa conception (« *security by design* »), les vulnérabilités les plus souvent rencontrées ont trait à leur usage :

- mises à jour non sécurisées ;
- utilisation de mots de passe par défaut ou triviaux, utilisés trop longtemps et concernant trop d'objets ;
- communications non ou insuffisamment sécurisées ;
- stockage de données en clair ;
- insuffisance de la segmentation ou de la partition des réseaux ;
- insuffisance du contrôle des accès et de la gestion des droits ;
- mauvais encadrement ou surveillance des comportements.

Il convient donc d'inculquer aux utilisateurs une culture de la sécurité et de la protection des données afin que les nouveaux usages ne soient pas source de nouvelles vulnérabilités.

3.3. La sécurité de l'interconnexion des objets et des standards de communication

L'interopérabilité des objets entre eux est une fonctionnalité indispensable pour un plein usage des objets connectés. *« Le manque actuel de standardisation dans le format, la structure et le contenu des données limite grandement la possibilité d'échanges et donc de croisement des données entre elles »* (Dougados, Perea, 2015). En conséquence, tous ces objets nécessitent la création d'une plateforme qui doit pouvoir communiquer avec d'autres plateformes. Se pose alors la question des standards de communication, des protocoles d'échange de données et de leurs éventuelles vulnérabilités (une question déjà soulevée par Combes et Le Bizec dès 2004).

Cette question est fondamentale car la plus grande partie de la « valeur » d'un objet connecté provient de cette interopérabilité, ce qui permet à l'utilisateur de pouvoir les piloter à distance. Ainsi, la maîtrise de ce « réseau des réseaux » constitue un avantage déterminant pour un opérateur via la définition des protocoles d'échanges de données (comme, par exemple, le MQTT – *Message Queuing Telemetry Transport*, et les protocoles LoRaWan ou Sigfox). Il faut également surveiller les systèmes d'exploitation (par exemple, Android wear de Google) comme en témoignent les suspicions américaines concernant les *smartphones* de la firme chinoise Huawei depuis 2016. Corollairement, pour les entreprises, cette maîtrise est le garant d'une sécurisation des usages concernant l'action des objets ou le traitement et la circulation des données issues de l'usage (ou du non-usage) de l'objet grâce à des logiciels de chiffrement.

La profusion actuelle des standards de communication en connectique *via* un réseau mobile, des *smartphones* ou des réseaux dédiés (plus de 350 – selon IEEE, 2018) montre le dynamisme de la conception des solutions mais, paradoxalement, il n'est pas certain que tous ces standards soient optimisés en termes de sécurité. Les attaques récentes par des *ransomwares* des systèmes du groupe logistique Bolloré en République Démocratique du Congo à la mi-mai 2020 ou, dans un autre secteur d'activité, du groupe des Mutuelles du Mans Assurances en Juillet 2020 prouvent, à l'évidence, une vulnérabilité provenant des interconnections entre systèmes.

3.4. Plateforme et gouvernance

Comme le montre Volle (2014), une plateforme est la forme moderne des marchés et sa force résulte de la multiplication des effets d'externalité, le développement de chaque entité en relation étant bénéfique aux autres entités. D'après la théorie de « l'économie de réseaux » (au sens de Curien, 2005), l'avantage concurrentiel de celle-ci augmente avec sa taille. Etant donnée la facilité d'expansion de cette « production virtuelle », l'échelle internationale d'une plateforme est une perspective nécessaire.

En conséquence, malgré la multiplicité des plateformes actuelles créées par des opérateurs Télécom, des industriels, voire des start-ups, les acteurs mondiaux du Cloud (du type GAFAM - Google-Apple-Facebook-Amazon-Microsoft) sont aujourd'hui les grands opérateurs de ces nouveaux marchés : la maîtrise d'une plateforme permettant une plus grande connectabilité favorise la consolidation des acteurs (Porter, Heppelmann, 2014). Outre l'enjeu économique, car la plateforme est au cœur de la création de valeur, il existe un enjeu sécuritaire car une faille dans une plateforme est susceptible d'affecter de multiples systèmes et objets, malgré les bonnes pratiques adoptées localement par les entreprises. L'apparition de nouveaux opérateurs en provenance de Chine suscite aujourd'hui une nouvelle inquiétude car, en s'appuyant sur la 5G, sur l'intelligence artificielle et sur un accès à des données gigantesques, de nouvelles plateformes pourraient bouleverser ce monde, remettant en cause les tentatives actuelles de régulation juridique de l'IoT.

Aussi, la gouvernance des plateformes est déterminante pour la sécurité des systèmes de logistique digitale car elle doit être transparente quant au champ de la sécurité, ce qui est loin d'être le cas actuellement, les utilisateurs étant contraints de faire confiance sans exercer un réel contrôle concernant la qualité des processus.

3.5. Protection des données d'entreprise et cybersécurité

Pour fonctionner au mieux en logistique, le monde des objets connectés a besoin d'obtenir un accès sans cesse élargi aux données internes de l'entreprise pour fournir des services de plus en plus innovants. Toutefois, la conscience des entreprises et l'éthique des créateurs d'objets conduisent paradoxalement à se poser de nouvelles questions sur la protection des données d'entreprise comme la gestion de la confidentialité des données et des droits d'accès, le chiffrement des flux ou encore la sécurisation des interfaces (Hantouche, 2016).

Les objets connectés font basculer la société dans une industrie du service très sophistiquée dans laquelle la participation de l'utilisateur est quelquefois marginale : après l'achat et le « branchement », certains objets peuvent se connecter sans intervention humaine consciente. Les questions du contrôle, du moment et surtout du contenu du transfert d'information sont alors primordiales. Aussi, le Droit de l'Internet des Objets est devenu une préoccupation des Etats même si, dès 2009, la Communauté Européenne s'intéressait à la question, notamment *via* l'Agence européenne chargée de la sécurité des réseaux et de l'information (cf. site de l'ENISA, 2015).

Aussi, contrairement à une idée faussement répandue, *« le vide juridique ne peut pas être invoqué à propos des objets connectés »* (Piette-Coudol, 2015). En effet, suite aux diverses directives européennes, le droit français s'est préparé à ce nouveau monde avec la Loi « Informatique et Liberté » du 6/01/1978 puis du 06/08/2004, la Loi sur la confiance dans l'économie numérique du 21/06/2004 et le nouveau Règlement Général sur la Protection des Données (RGPD) de mai 2018. Cependant, à peine ce règlement entré en vigueur, la confidentialité des communications électroniques devait être renforcée quant à l'encadrement des *cookies* ou des métadonnées comme la géolocalisation et quant à la conservation des données de connexion (Duchesne-Jeannerey *et al*, 2018).

Cette évolution juridique entraîne « *une amélioration significative* » (OPECST, 2018) de la protection des données personnelles qu'elles soient de nature fonctionnelle (utiles pour le rendu du service demandé) ou de nature périphérique (informations déduites ou capturées par le fournisseur du service mais sans rapport direct avec la demande de l'utilisateur). Selon Piette-Coudol (2015), il s'agit « *d'un bon système de défense de l'intimité, voire de la vie privée* ». Ce dispositif doit être prochainement complété par le « règlement ePrivacy », en cours de discussions au Conseil et au Parlement européens afin d'assurer la confidentialité des échanges ainsi que la protection du terminal. Toutefois, en considérant les entreprises comme les responsables du traitement, ce règlement est porteur de contraintes supplémentaires pour protéger les données, ce qui suscite une grande incertitude et des atermoiements dans sa rédaction.

Comme le montrent les études de la Commission Nationale de l'Informatique et des Libertés (CNIL, 2015), l'IoT évolue rapidement et le Droit doit rester vigilant face aux nouvelles perspectives offertes par ce monde des objets. Sur ce point, certains spécialistes parlent ainsi de « sécurisation des objets », voire de la « responsabilité des objets », domaine autrefois réservé aux personnes. Cependant, une règle de Droit est toujours valable dans un espace géographique donné (Etat, Communauté ou Fédération d'Etats) alors que l'IoT est international et transfrontalier, ce qui constitue un élément de complexité supplémentaire.

Dès 2016, Hantouche constatait que, « *même si techniquement, les mesures de sécurité restent classiques et concernent la disponibilité, l'intégrité, la confidentialité et la traçabilité* », les objets connectés supposent une approche organisationnelle en responsabilisant les utilisateurs et en encadrant les usages. Les quatre bonnes pratiques qu'il suggérait restent encore valables aujourd'hui, à savoir :

- échanger avec les métiers pour apprécier les enjeux et risques potentiels ;
- identifier les plateformes et leurs capacités ;
- distinguer les cas d'usage ;
- implémenter de manière pertinente les mesures de sécurité.

Cependant, si le stockage dans le *cloud* peut être sécurisé par un contrôle d'accès par mot de passe puis un chiffrement par le prestataire de service, le seul niveau de sécurité indéniable provient du chiffrement des données par l'entreprise elle-même. Paradoxalement, cette solution ultime est peu adaptée à l'Internet des Objets puisqu'elle est « *peu propice au partage des données* » (Gossard, 2017). Une alternative de sécurité est possible en s'appuyant sur la technologie des chaînes de blocs (*blockchain*) qui assure une inviolabilité des données stockées mais, nouveau paradoxe, l'impossibilité d'effacer ou de corriger les données de l'entreprise constitue un frein pour la performance des systèmes logistiques au niveau local.

La nouvelle situation juridique engendrée par l'intégration des objets connectés « *conduit à mettre en balance responsabilité et responsabilisation, obligations et devoirs, dimension collective et dimension individuelle, risques sociaux et risque comportemental* » (Del Sol, 2018), ce qui nécessite de nouvelles formes de collaborations entre acteurs d'une même chaîne logistique afin de définir clairement les responsabilités de chacun.

CONCLUSION

Cette approche des objets connectés a permis d'apprécier leur diversité et de comprendre le caractère complexe des problématiques générées par leur développement en matière d'usage et de sécurité pour la logistique.

L'étude a permis de constater que les atouts d'un objet connecté concernent bien sûr l'objet lui-même du fait de sa nouveauté technologique, mais surtout la connectabilité et l'utilisation des données issues de son usage.

En s'intéressant aux organisations logistiques, l'étude a confirmé que l'IoT présente des opportunités quant à l'identification, la traçabilité, l'aide à la livraison et la fiabilité. Cette évolution renouvelle les modèles de *supply chain* et accroît la performance globale. L'identification plus précise des articles améliore les processus de réapprovisionnement et permet d'automatiser certaines étapes comme l'inventaire des articles présents et la sécurisation des stocks. La traçabilité apportée par les objets connectés permet un suivi des commandes en temps réel et une gestion automatique des documents administratifs nécessaires. La livraison des magasins, et surtout des clients en matière de e-commerce, est optimisée grâce à la faculté des objets de s'adapter à l'environnement et de décider, de manière autonome et décentralisée, du meilleur trajet possible. Il subsiste un grand progrès à faire, à savoir autoriser l'accès aux magasins ou aux maisons grâce à des serrures connectées. Enfin, les objets connectés apportent une fiabilité accrue des équipements et facilitent les contrôles inhérents au pilotage de la chaîne logistique.

Cependant, les opportunités offertes par les objets connectés présentent potentiellement des vulnérabilités qui sont autant de risques quant à la sécurité des organisations. Des lacunes pouvant apparaître tout au long de la chaîne de circulation des données, la sécurité du système logistique des entreprises est remise en question. En conséquence, l'analyse de ce nouveau monde a permis la mise au jour de multiples questionnements concernant les bons usages comme le développement d'une culture de la sécurité, le souci de sécurisation des interconnections avec la maîtrise des protocoles d'échanges de données et la standardisation des systèmes d'exploitation. Cependant, ces efforts sont à déployer au sein d'une plateforme dont le choix s'avère crucial et dans un contexte juridique qui encadre la protection des données personnelles.

Figure 2. Principaux résultats de l'étude de l'IoT en logistique

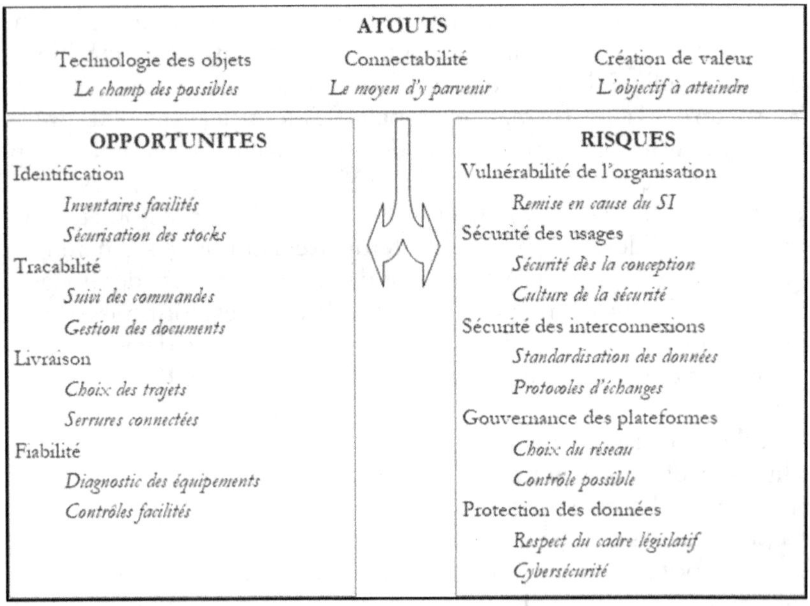

En conclusion, en répondant aux opportunités technologiques et aux risques sécuritaires de l'Internet des Objets, les entreprises logistiques s'apprêtent à faire évoluer leurs organisations au niveau technique mais aussi au niveau humain car la sécurité de l'usage des objets connectés est étroitement liée à des talents et de nouvelles compétences à acquérir de la part des acteurs de la *supply chain*. A la disparition de certaines tâches manuelles rendues automatiques, correspond l'apparition d'un besoin de personnel fortement qualifié pour appréhender correctement et en toute sécurité l'Internet des Objets. Il en découle une nécessaire recomposition des ressources humaines dans le domaine logistique.

BIBLIOGRAPHIE

ANCARANI, A., DI MAURO, C., LEGENVRE, H., CARDELLA, M.S. (2019), Internet of Things Adoption : A Typology of Projects, *International Journal of Operations & Production Management*, DOI : 10.1108/ijopm-01-2019-0095.

BALLOT, E., MONTREUIL, B. (2014), *L'internet physique : le réseau des réseaux des prestations logistiques*, PREDIT, Paris, La Documentation Française.

BENGHOZI, P.J., BUREAU, S., MASSIT-FOLLEA, F. (2008), *L'internet des Objets : Quels enjeux pour l'Europe*, Editions de la Maison des Sciences de l'Homme, Paris, en ligne : books.openedition.org/editionmsh/84.

BIRKEL, H., HARTMANN, E. (2019), Impact of IoT: Challenges and Risks for SCM, *Supply chain Management*, 24, 1, 39-61.
CARO, F., SADR, R. (2019), The Internet of Things (IoT) in retail: Bridging supply and demand, *Business Horizons*, 62 (1), 47-64.
CHARLES B. (2018), L'industrie 4.0 numérise le passé au lieu d'imaginer l'avenir, *Le Monde*, 22 77, p 12.
CHAUVENET, C. (2015), *Internet des objets, M2M : Quels acteurs pour ces nouveaux modèles?*, Les focus, Techniques de l'Ingénieur, 14 p., https://www.leslivresblancs.fr/livre/internet-ntic/iot-internet-des-objets/internet-des-objets-m2m-quels-acteurs-pour-ces-nouveaux.
CIGREF (2014), *Internet des objets,* Cahier de l'Innovation.
Cité de l'objet connectée d'Angers (2018) infographie, www.citedelobjetconnecté.com
CNIL (2015), Lettres « Innovation et prospective », www.cnil.fr/linstitution/ip/
COMBES, L., LE BIZEC, J.M. (2004), RFID, Démarche de business case pour la supply chain, *Logistique* & *Management*, 12 (1), 41-48.
CURIEN, N. (2005), *L'économie des réseaux*, Collection Repères, Paris, Edition La Découverte.
DEL SOL, M. (2018), Enjeux juridiques des objets connectés en matière d'assurance santé. Réflexions à partir et au-delà du cadre français, *23e colloque de l'Association Information et Management AIM*, May 16-18, Montréal, Canada.
DOUGADOS, M., PEREA, L. (2015), Comment l'internet des objets va révolutionner la logistique et le transport, *Supply Chain Magazine*, 92, 150-152.
DUCHESNE-JEANNEREY, C., LALLEMENT, G., SERRIS, J. (2018), Rapport de la mission Accès aux données, consentement, l'impact du projet de règlement e-privacy, Conseil Général de l'Economie, Ministère de l'Economie et des Finances.
DUNAWAY, M., SULLIVAN, Y.M., FOSSO WAMBA, S. (2019), Building dynamic capabilities with the Internet of Things, Proceedings of *52nd Hawaii International Conference on System Sciences*, January 8-11, Maui, Hawaii USA.
ENISA (2022), European Union Agency for Cybersecurity - Agence de l'union européenne pour la cybersécurité, URL : www.enisa.europa.eu
FABBE-COSTES, N. (2013), *Traçabilité et logistique : les interactions, Techniques de l'Ingénieur*, Edition Technique de l'Ingénieur, Paris.
FALLERY, B., RODHAIN, F. (2007), Quatre approches pour l'analyse de données textuelles : lexicale, linguistique, cognitive, thématique, *XVIe conférence de l'Association Internationale de Management Stratégique AIMS*, June 6-9, Montréal, Canada.
FLEISCH, E. (2010), *What is the Internet of Thing, An Economic Perspective*, Auto-ID Labs White Paper, January, ETH Zurich Editor.

FOSSO WAMBA, S., KEATING, B., COLTMAN, T., MICHAEL, K. (2009), RFID *Adoption Issues: Analysis of Organizational Benefits and Risks* , May 1, 2009, Available at SSRN: https://ssrn.com/abstract=1397962 ou http://dx.doi.org/10.2139/ssrn.1397962.
GARTNER GROUP (2018), www.gartnergroup.com
GNIMPIEBA, D., NAIT-SIDI-MOHO, A., DURAND, D., FORTIN, J. (2015), Using Internet of Things technologies for a collaborative supply chain: application to tracking of pallets and containers, *Procedia Computer Science*, 56, 550-557.
GOSSARD, C. (2017), Les enjeux sociétaux des objets connectés, *Terminal*, 120, http://journals.openedition.org/terminal/1500 ; DOI : https://doi.org/10.4000/terminal.1500.
HADDUD, A., DE SIYZA, A.R., KHARE, A. LEE, H. (2017), Examining potential benefits and challenges associated with the Internet of Things integration in supply chain, *Journal of Manufacturing Technology Management*, 28 (8), 1055-1085.
HANTOUCHE, C. (2016), Peut-on sécuriser l'internet des objets ? *Sécurité et Stratégie*, 2 (22), 31-38.
HENDERSON, J.C., VENKATRAMAN, N. (1992), Strategic alignment: a model for organizational through information technology, in Kocham, T.A., Useem, M. (eds), *Transforming Organizations*, Oxford University Press, 97-117.
HOLMSTRÖM, J., HOWEG, M., LAWSON, B., PIL.FRITS, K., WAGNER, S. (2019), The digitalization of operations and supply chain management, *Journal of Operations Management*, 65, 728-734.
IDATE, 2018, Institut de l'Audiovisuel et des Télécommunications en Europe, fr.idate.org
IEEE – Institut des Ingénieurs Electriciens et Electroniciens (2018).
KAUR, J., KAUR, P. (2018), CE-GSM: A cloud IoT-enabled grocery management system, *Electronic Commerce Research and Applications*, 28, 63-72.
LE ROCH, Y., BALLOT, E. (2013), Internet(s) des objets logistiques et modèles d'affaires, Réalités Industrielles, *Annales des Mines*, 2, 97-101.
LEE, I., LEE, K. (2015), The Internet of Things (IoT): Applications, investments, and challenges for enterprises, *Business Horizons*, 58(4), 431-440.
OLANIE, M. (2007), La RFID, un semi-échec chez Wal-Mart, *Le Monde informatique*, publié le 09 octobre 2007, https://www.lemondeinformatique.fr/actualites/lire-la-rfid-un-semi-echec-chez-wal-mart-24223.html
OPECST-Office Parlementaire d'Evaluation des Choix Scientifiques et Technologiques (2018), Les objets connectés, *Les notes scientifiques de l'office*, 1, 5 p.
OUAKRAT, A. (2014), Une défiance justifiée envers la collecte automatisée de données sur smartphones ? L'acceptabilité sociale des

méthodes numériques pour étudier les usages des technologies numériques connectées, *Colloque CREIS-Terminal*, 3-4 avril, Nantes.
PIETTE-COUDOL, T. (2015), *Les objets connectés, Sécurité juridique et technique*, coll. Actualité, LexisNexis.
PORTER, M.E., HEPPELMANN, J.E. (2014), How Smart, Connected Products are transforming Competition, *Harvard Business Review*, November.
PRAHALAD, C.K., KRISHNAN, M.S. (2008), *The new Age of Innovation: Driving Co-created Value through Global Networks*, McGraw-Hill.
ROUSSAT C., LAZZERI J., FABBE-COSTES N. (2018), Vers une conceptualisation de la « supply chain visibility », *Rencontres Internationales de la Recherche en Logistique et Supply Chain Management (RIRL-SCM)*, 22-23 mai, Paris.
SEETHARAMAN, A., PATWA, N., SARAVANAN, A.S., ANAND, A. (2017), The impact of the « Internet of Things » On Value Creation for Stakeholders, *International Journal of Scientific and Research Publications*, 7(11), 113-123.
TEECE, D.J., PISANO, G. (1994), *The Dynamic Capabilities of Firms: An Introduction*, Working Paper IIASA, WP 94-103.
VERMESAN, O., FRIESS, P. (2011), *Internet of Things – Global Technological and Societal Trends*, River Publishers, Aalborg, Danemark.
VERMESAN, O., FRIESS, P., GUILLEMIN, P., SUNDMAEKER, H. (2013), Internet of Things: Strategic Research and Innovation, in Vermesan, O., Friess, P. (eds), *Internet of Things: converging Technologies for Smart Environments and Integrated Ecosystems*, River Publishers, 7-152.
VOLLE, M., 2014, *Iconomica*, Xerfi-Economica, Paris.

L'ADOPTION DE LA RFID A L'ÈRE DE L'INTERNET DES OBJETS : APPLICATION À LA GRANDE DISTRIBUTION ALIMENTAIRE

Hicham ABBAD
Nantes Université, Laboratoire d'Economie et de Management de Nantes-Atlantique (LEMNA)
hicham.abbad@univ-nantes.fr
Gwenaëlle LAIRET
ESSCA School of Management, Laboratoire d'Economie et de Management de Nantes-Atlantique (LEMNA)
gwenaelle.lairet@essca.fr
Sonia MAHJOUB
ONIRIS Nantes, Laboratoire d'Economie et de Management de Nantes-Atlantique (LEMNA)
sonia.mahjoub@oniris-nantes.fr

RÉSUMÉ

La RFID (*Radio Frequency IDentification* en anglais, c'est-à-dire identification par radiofréquence) s'est développée de façon spectaculaire au cours de ces dernières années. Toutefois, malgré les nombreux avantages qu'offre cette technologie (visibilité en temps réel des stocks, réduction des coûts logistiques, augmentation de la productivité, meilleure traçabilité, réduction des ruptures dans les magasins, etc.), son déploiement dans le secteur de la grande distribution alimentaire française demeure limité. L'objectif de ce papier exploratoire est d'identifier l'ensemble des freins entravant le recours à cette technologie d'information dans les relations logistiques entre fabricants et grands distributeurs alimentaires. Pour ce faire, nous adoptons une méthodologie qualitative fondée sur des entretiens semi-directifs. Les résultats montrent que la non-adoption de la RFID s'explique essentiellement par le coût de cette technologie pour les acteurs.

Mots-clés : RFID, Internet des Objets, *supply chain*, grande distribution, fournisseurs, France.

ABSTRACT

Adoption of RFID in the age of the Internet of Things: Application in food retail industry

RFID (Radio Frequency IDentification) has developed dramatically in recent years. However, despite the many advantages offered by this technology (real-time visibility of stocks, reduction of logistics costs, increased productivity, better traceability, reduction of out-of-stock in stores, etc.), its deployment in the major French food retailers remains limited. The objective of this exploratory paper is to identify all the obstacles hindering the use of this information technology in the logistical relations between manufacturers and large food retailers. To do this, we adopt a qualitative methodology based on semi-structured interviews. The results show that the non-adoption of RFID is mainly explained by the cost of this technology for the actors.

Keywords : RFID, Internet of Things, supply chain, large retail, suppliers, France
JEL Codes : L23, L66, L81, M15

INTRODUCTION

Les technologies d'information et de communication (TIC) connaissent, depuis quelques années, une évolution rapide et contraignante. Rapide, en raison du nombre croissant des innovations technologiques qui arrivent sur le marché, et contraignante, parce qu'elle pousse entreprises et individus à confronter plusieurs défis technologiques et humains. La transformation numérique s'est encore accentuée avec l'avènement de l'Internet des Objets (IoT en anglais pour *Internet of Things*) qui se diffuse largement pour toucher tous les acteurs de la société d'aujourd'hui : l'usine, l'hôpital, la ville, la maison, l'entrepôt, le transport sous ses différents modes, le port, etc. (Lee, Lee, 2015). Au niveau mondial, le nombre d'objets connectés a atteint 8,4 milliards en 2017 et pourrait dépasser les 20 milliards en 2025 (Meulen, 2017). Connecter Internet aux objets est considéré comme une nouvelle révolution digitale qui devrait apporter une plus grande visibilité aux entreprises dans leurs activités (Attaran, 2020). L'IoT s'annonce comme un nouveau levier de croissance économique pour les entreprises qu'elles soient industrielles, commerciales ou de services, mais son déploiement reste tributaire de la diffusion de l'un de ses principaux éléments constitutifs, la RFID (de l'anglais « *Radio Frequency Identification* », c'est-à-dire « identification par radiofréquence » en français) (Lee, Lee, 2015 ; Naskar *et al.*, 2017 ; Ben-Daya *et al.*, 2019).

Composé d'étiquettes, de lecteurs et d'applications logicielles, le système RFID suit, contrôle, répertorie et gère des objets (produits, colis, palettes, etc.) pendant leur déplacements (Ângeles, 2005 ; Lee, Lee, 2015 ; Musa, Dabo, 2016). La RFID s'est développée de façon spectaculaire au cours de ces dernières années, et ce grâce notamment à l'IoT et ses différentes applications dans les entreprises. Si la technologie RFID connaît ce développement rapide, il semble pourtant que la France marque le pas par rapport aux entreprises industrielles et commerciales américaines. En 2004, le premier grand distributeur mondial Wal-Mart, désirant optimiser ses activités et processus logistiques, a imposé au top 100 de ses fournisseurs d'adopter la RFID pour l'étiquetage des palettes et des colis (Hardgrave *et al.*, 2008). Dans le domaine de la logistique, le système RFID permet de lire, d'échanger ou de communiquer des données (taille, poids, volume, prix d'un produit, ou encore de mémoriser la température de la remorque d'un camion, etc.) à distance, par le biais de capteurs. Ces capteurs se placent sur les quais de chargement ou de déchargement, ou encore sur les palettes, afin d'identifier en temps réel les mouvements de tous les flux physiques. La radiofréquence s'est imposée comme une technologie permettant de synchroniser les flux d'information et les flux de produits tout au long des chaînes logistiques (Mevel, Leray, 2009).

Malgré les nombreux avantages qu'offre la technologie radio (visibilité en temps réel des stocks, réduction des coûts logistiques, augmentation de la productivité, meilleure traçabilité, réduction des ruptures dans les magasins, etc.), son déploiement dans la chaîne d'approvisionnement de la grande distribution alimentaire française demeure limité. Cette technologie est principalement utilisée pour, au mieux, suivre les emballages des distributeurs (palettes, caisses, rolls, etc.) depuis la préparation de commandes jusqu'à la livraison en magasin. Il n'y a donc aucune expérience significative de l'emploi de la RFID dans la gestion des flux de marchandises entre fournisseurs et distributeurs. Partant de ce constat, cette recherche a pour ambition de répondre à la question suivante : quels sont les facteurs qui impacteraient la non-adoption de cette technologie dans la *supply chain* des distributeurs français ? L'objectif de ce papier exploratoire est d'identifier les freins entravant le recours à cette technologie dans les relations logistiques entre producteurs et distributeurs, plus précisément dans la gestion des flux physiques entre les usines ou entrepôts des fournisseurs et les entrepôts ou plateformes des distributeurs. Ce faisant, cette recherche nous permettra de comprendre comment la technologie RFID pourrait freiner la diffusion de l'IoT dans la *supply chain* de l'industrie de la grande distribution. L'article est organisé en trois parties. La première expose une revue de littérature portant sur le phénomène de la non-adoption des TIC. La deuxième détaille les méthodes de collecte et d'analyse des données. La troisième, quant à elle, présente et discute les résultats de l'enquête empirique.

1. LA NON-ADOPTION DES TIC : CADRE CONCEPTUEL

Les usages des TIC ont fait l'objet de nombreuses recherches dans des disciplines diverses comme la sociologie, la psychologie, les sciences de l'information et de la communication et les sciences de gestion. Si une abondante littérature théorique et empirique existe sur les questions d'usages et d'usagers, relativement peu de travaux se sont intéressés à la problématique du non-usage des technologies (Boutet, Trémenbert, 2009).

L'usage est un concept qui renvoie à un ensemble de définitions allant de « l'adoption » à « l'appropriation » en passant par « l'utilisation » (Breton, Proulx, 2002). L'adoption, première étape de l'usage, fait souvent référence à l'achat et à la consommation de la technologie. L'utilisation signifie le simple emploi dans une situation de face-à-face avec l'outil. Quant à l'appropriation, elle recouvre non seulement le « *processus d'intériorisation progressive de compétences techniques et cognitives à l'œuvre chez les individus et les groupes qui manient quotidiennement ces technologies* » (Proulx, 2002, 2005) mais également les comportements, les attitudes, les représentations des acteurs se rapportant directement ou indirectement au dispositif technique (Jouët, 1993 ; Simonin, Wolff, 2007).

Dans cette recherche, nous nous intéressons à la seule notion de non-adoption des TIC qui fait référence à des actions telles que le non-achat et la non-consommation. Généralement, la non-adoption peut s'expliquer par le poids des contraintes externes relatives à l'environnement des non-usagers (état de l'offre technique, décalage entre cette offre et la demande sociale, etc.) et par des caractéristiques propres aux non-usagers eux-mêmes (difficulté d'accès à un capital économique et social, absence de compétences techniques et cognitives dans la manipulation des TIC) (Bretons, Proulx, 2002 ; Boudokhane, 2006).

De nombreux modèles théoriques se sont penchés sur l'étude de l'adoption ou le refus des technologies. Il s'agit notamment du modèle de la résistance à l'innovation développé par S. Ram en 1987, du modèle d'acceptation de la technologie ou Technology Acceptance Model (TAM) de Davis (1989), du TAM2 (Venkatesh, Davis, 2000), du TAM3 (Venkatesh, Bala, 2008), de la théorie du comportement planifié (Ajzen, 1991), de la théorie de la diffusion de l'innovation (Rogers, 1983), de la théorie unifiée de l'acceptation et de l'utilisation de la technologie ou *unified theory of acceptance and use of technology* (UTAUT) (Venkatesh *et al.*, 2003) et de l'UTAUT2 (Venkatesh *et al.*, 2012). De tous ces modèles, les plus exploités en gestion demeurent le TAM (Davis, 1989) et le modèle de la résistance à l'innovation (Ram, 1987).

Le premier modèle avance la perception de l'utilité et la perception de la facilité d'utilisation comme les deux facteurs qui expliquent la décision d'un individu ou d'une organisation d'adopter ou non une technologie (Davis *et al.*, 1989). Ainsi, un système d'information perçu comme inutile et dont l'emploi paraît compliqué ne sera ni adopté, ni utilisé (Boudokhane, 2006). Cependant, en ne proposant que deux facteurs pour justifier le refus de la technologie, le modèle de Davis (1989) n'offre qu'une explication limitée.

Le second modèle, quant à lui, vise à identifier les facteurs déterminants de la résistance à l'innovation technique. Il présente l'avantage de prendre en compte à la fois les contextes professionnel, social et culturel. Le modèle de Ram (1987) est fondé sur trois principaux axes : (1) les caractéristiques perçues de l'innovation ; (2) les caractéristiques propres au consommateur potentiel ; (3) les caractéristiques des mécanismes de propagation ou de diffusion.

Pour les caractéristiques perçues de l'innovation, Ram (1987) a repris celles développées par Rogers (1983) : l'avantage relatif, la compatibilité, les risques perçus, la possibilité de tester l'innovation et la communicabilité. Pour Ram (1987), la résistance à l'innovation technique est grande dans les cas où :

- le désavantage relatif perçu de l'outil est élevé. Il concerne le prix et les services associés à l'innovation. Une entreprise ne peut en effet adopter une technologie si son coût semble prohibitif et si son utilisation ne confère aucun avantage fonctionnel comparativement à d'autres moyens alternatifs.

- la technologie est incompatible avec les valeurs, les expériences antérieures et les besoins du consommateur potentiel. Tout objet technique, qui vient bouleverser des habitudes et altérer des comportements usuels et des manières de faire, suscite un rejet de la part des individus réticents au changement et à l'adaptation. Aussi, une technologie qui ne satisfait pas leurs besoins sera refusée.

- elle présente des risques. Ceux-ci peuvent être fonctionnels (performance incertaine de l'outil telle que le risque de pannes), sociaux (destruction du lien social noué grâce à la communication directe [Latouche, 1994]), physiques ou psychologiques (dépendance vis-à-vis de la technologie).

- les possibilités d'essai sont réduites. Selon Ram (1987), la possibilité de tester est relative à la manière dont la technologie peut être facilement essayée par l'acheteur potentiel avant l'adoption ainsi qu'aux effets du risque perçu.

- la communicabilité est faible. Elle renvoie à la facilité et à l'efficacité avec lesquelles les résultats d'une innovation peuvent être diffusés par les adoptants aux consommateurs potentiels. Cet attribut peut être apprécié par deux éléments : la tangibilité des bénéfices retirés du dispositif et la capacité de l'acheteur à les communiquer (Ram, 1987).

Ram (1987) a complété son modèle par quatre autres caractéristiques : (1) la complexité de la technologie, que ce soit au niveau de l'idée (est-elle facile à comprendre ?) ou de la mise en place (est-elle facile à mettre en œuvre ?) ; (2) la réversibilité qui confère à l'individu la possibilité d'arrêter l'adoption à tout moment ; (3) la réalisation correspondant au temps que le consommateur doit attendre pour constater les bénéfices de l'innovation ; (4) la flexibilité qui renvoie aux possibilités de modifications techniques offertes par l'outil au consommateur pour satisfaire ses besoins.

Le deuxième axe, quant à lui, touche à la personnalité du client potentiel. Ram (1987) précise que la résistance aux innovations technologiques s'explique également par les traits psychologiques : la personnalité, les attitudes, les valeurs, les expériences passées en matière d'innovation, la perception, les motivations et les croyances. Enfin, pour ce qui est des mécanismes de diffusion de l'innovation, Ram (1987) évoque quatre attributs pouvant constituer des freins à l'adoption d'une technologie. Il s'agit de la clarté, de la crédibilité, de la capacité à informer et de l'attractivité des sources.

2. MÉTHODOLOGIE

Au regard de notre problématique, nous privilégions une méthodologie qualitative qui, selon Hlady-Rispal (2002), permet d'explorer un phénomène en profondeur et de comprendre le rôle du contexte sur son fonctionnement. La collecte des données dans notre enquête exploratoire a été effectuée à l'aide d'entretiens semi-directifs. Au total, 18 entretiens ont été réalisés auprès de responsables de la filière agro-alimentaire (cf. Tableau 1) qui n'ont pas souhaité adopter la technologie RFID. Afin d'avoir une vision la plus exhaustive possible des perceptions des acteurs de la filière sur la technologie RFID et sur les freins à son adoption, nous avons délibérément choisi des organisations qui ont des rôles différents dans la filière globale de la distribution alimentaire.

Tableau 1. Composition du panel des répondants

Entreprises	Répondants
Industriel 1	Responsable expéditions frais et entrepôt magasin
	Responsable entrepôt et approvisionnement MP
	Responsable ADV service commercial frais
	Responsable prévisions
Industriel 2	Responsable logistique et service clients
	Responsable logistique épicerie
Industriel 3	Responsable SI ventes et flux
	Responsable entrepôt
Industriel 4	Responsable supply chain
	Responsable approvisionnement
Prestataire logistique	Responsable site
	Directeur régional
Distributeur 1	Responsable transport amont
	Etudes et méthodes logistiques
	Responsable entrepôt surgelé
	Responsable logistique frais
	Responsable approvisionnement
Distributeur 2	Responsable projets logistiques

Tous les entretiens réalisés ont été enregistrés et intégralement retranscrits. Le recueil des données primaires a été complété par des données secondaires obtenues suite à une recherche documentaire dans la presse professionnelle et généraliste. Cette recherche, visant à analyser les perceptions médiatisées par et pour les praticiens sur la technologie RFID, a été menée en utilisant le moteur de recherche Factiva. Nous avons choisi de nous concentrer sur la presse francophone car la France, notre terrain d'investigation, représente une spécificité quant à la faible adoption de la technologie. Aux Etats-Unis à titre d'exemple, la technologie RFID est très intégrée dans les processus logistiques, et ce depuis bientôt deux décennies, notamment dans la vente au détail. L'analyse des données recueillies est effectuée par une méthode de codage multithématique (Dumez, 2013). Nous avons opté pour une analyse de contenu thématique dans l'objectif de décoder les interprétations des acteurs (Bardin, 2007). L'analyse des informations collectées est conduite selon le processus défini par Miles et Huberman (2003), à savoir condenser les données, présenter les données, formuler et vérifier les conclusions.

3. RÉSULTATS ET DISCUSSION

Il est indéniable que la RFID, élément important de l'IoT, représente une technologie bien connue des praticiens et fortement médiatisée par la presse professionnelle et généraliste française. Malgré cette médiatisation, l'IoT et la RFID ont du mal à s'imposer dans les processus et activités des entreprises nationales. Selon Eurostat (2021), les entreprises françaises en 2020 font partie de celles qui utilisent le moins l' IoT dans l'Union européenne. Elles ne sont que de 10 %, contre 18 % dans les structures européennes. La France occupe l'avant-dernière place devant la Roumanie. Les entreprises ayant le plus recours aux objets ou systèmes connectés à internet opèrent en Finlande (40 %), en Autriche (32 %), en Belgique (27 %) et à Malte (26 %).

Dans l'enquête annuelle conduite en 2020 par l'INSEE (2021) sur les technologies de l'information et de la communication dans les entreprises françaises, il ressort que 10 % seulement des entreprises de 10 personnes et plus ont recours à l'IoT. La mobilisation des systèmes interconnectés varie en fonction de la taille des sociétés. Ainsi, le taux d'utilisation est de 7 % dans les petites entreprises (10 à 19 personnes) alors qu'il est de 29 % dans les grandes (250 personnes ou plus). L'analyse de l'utilisation des dispositifs interconnectés par secteur montre que les transports restent l'activité économique la plus équipée (16 %). Les secteurs les moins dotés de ces dispositifs sont le commerce de gros et la réparation d'automobiles et de motocycles, ainsi que l'hébergement et la restauration (7 %). L'industrie et le commerce de détail affichent respectivement un taux d'utilisation de 12 et 9 %.

Selon l'INSEE (2020), 38 % des entreprises équipées de l'IoT en France ont mis en place des capteurs de suivi ou d'entretien des véhicules ou des produits. Ces capteurs, premier dispositif en termes d'utilisation, permettent particulièrement de prévenir les pannes, d'améliorer la disponibilité et la fiabilité des actifs ou de réduire les coûts de transport. Ils sont généralement associés à la technologie radio. La dernière enquête de l'INSEE menée en 2017 sur la RFID montre que cette technologie est employée dans tous les secteurs d'activité. L'identification par radiofréquence est utilisée principalement dans trois secteurs, « industrie manufacturière et énergie » (28 % de l'ensemble des entreprises), « commerce de détail » (14 %), et « commerce de gros et réparation d'automobiles et de motocycles » (12 %). Dans le secteur « transports et entreposage », l'adoption de la technologie radiofréquence reste faible puisqu'elle touche à peine 7 % de sociétés. Il est également important de préciser que les entreprises de plus de 250 personnes possèdent le taux d'utilisation de la RFID le plus élevé qui avoisine les 51 %. Toujours selon l'INSEE (2018), la radiofréquence, qui est dans l'imaginaire collectif fortement associée à l'identification de produits, n'est pourtant adoptée à cette fin que dans seulement 16 % des entreprises où elle est présente.

Cette technologie est en fait déployée majoritairement pour l'identification du personnel et le contrôle des accès (57 %), et pour un peu plus de 26 % pour le suivi et le contrôle des processus de production et de livraison. Dans le secteur agro-alimentaire, l'usage des puces RFID entre dans le dernier cas de figure, c'est-à-dire dans le suivi et le contrôle des processus de production et de livraison. Cet usage concerne, dans ce secteur, avant tout le suivi des emballages des aliments, les contrôles qualité (prise de la température par exemple) et l'étiquetage des animaux destinés à la consommation.

L'analyse des données collectées indique que le coût de la technologie et l'incertitude liée au retour sur investissement apparaîssent comme le principal frein à son adoption :

- « *Ça reste cher, et qu'est-ce que ça rapporte ? (…) Quel est le véritable retour sur investissement ?* » (Responsable Etudes et Méthodes, distributeur 1).

- « *On n'a pas voulu y aller car il y avait un investissement important (…) on ne voyait pas le retour sur investissement.* » (Responsable Transport Amont, distributeur).

- « *C'est surtout fait pour les produits à forte valeur ajoutée (…)* » (Responsable approvisionnement, industriel 4)

- « *Il n'y a pas suffisamment de demandes pour qu'on y passe et l'industriel ne veut pas le payer, le distributeur non plus. Donc on n'avance pas.* » (Directeur régional, prestataire logistique)

Avec un prix situé entre dix centimes et un euro, l'étiquette contenant les informations représente un coût non négligeable pour une entreprise. A titre de comparaison, l'actuel code à barres coûte de cinq à dix fois moins cher que le prix d'une puce RFID. A ce prix, doivent être rajoutés des coûts supplémentaires. Au-delà du prix des puces, l'entreprise désireuse de mettre en place la technologie RFID doit également investir dans des récepteurs d'informations, ainsi que dans des logiciels permettant de lire les informations et de les analyser (le prix d'un lecteur portable ou fixe coûte entre 3000 et 4000 euros). Ces logiciels sont extrêmement coûteux et nécessitent un parc informatique récent. Ce dernier point est particulièrement pertinent pour la logistique et le transport car ces deux secteurs évoluent dans des environnements très peu digitalisés où l'informatique n'a que très peu sa place, ou du moins est composée de logiciels et de technologies robustes mais anciennes (AS400, G.O.L.D Shop, etc.). On comprend donc que l'implémentation de la radiofréquence représente un coût non négligeable. A ces nombreuses dépenses, doivent également se rajouter des coûts pour la maintenance des appareils, l'achat des licences et des formations, et la rémunération des employés mis à contribution pour le déploiement. Les investissements nécessaires pour l'implémentation de la technologie RFID sont donc importants. Le désavantage perçu du RFID relatif à son prix semble être l'un des freins majeurs à son adoption (Ram, 1987). Les rapports de force caractérisant les relations entre producteurs et grands distributeurs peuvent expliquer pourquoi les deux acteurs ne souhaitent pas s'engager dans des projets RFID au coût prohibitif. Dans un environnement économique tendu, de tels projets ne peuvent en effet qu'accentuer un climat de conflit et de tension aggravé par un affrontement annuel pour le partage de la valeur lors des négociations tarifaires (Mevel, Leray, 2009 ; Houé, Guimaraes, 2011). La crise économique de 2008, et plus récemment la crise sanitaire du Covid-19 qui affecte presque tous les secteurs industriels, rendent le contexte d'adoption de la RFID encore plus défavorable.

Le deuxième frein ayant émergé des résultats des analyses concerne les conséquences organisationnelles et sociales de la mise en place de la RFID. Celle-ci est perçue comme une technologie susceptible de bouleverser l'organisation et les métiers de l'entreprise. Les métiers changent et tendent vers une informatisation des équipes et des processus de travail. Dès lors, la RFID dépasse son rôle d'outil technique pour se transformer en véritable outil de bouleversement nécessitant une évolution de l'organisation et des métiers, un recrutement de nouvelles compétences, et une mise en place de formations spécifiques. « *On ne peut pas parler d'échec, disons qu'il n'était pas opportun à ce moment de bouleverser l'organisation de nos entrepôts.* », déclare un responsable interrogé. Les changements induits par la mise en place de la radiofréquence nécessitent du temps et un savoir-faire important pour pouvoir modifier, sans trop de conséquences sociales, les tâches que doivent effectuer les employés. Pour ce faire, la conduite de changement doit intervenir au plus tôt, montrant une fois de plus que l'implémentation de la RFID au sein d'une entreprise n'est pas qu'une question de coût, mais d'investissement profond de l'entreprise qui doit mettre les moyens humains pour soutenir ce changement. C'est pour cette raison que les entreprises optent souvent pour des projets pilotes avant un déploiement généralisé. Les projets pilotes permettent aux entreprises désireuses de déployer la RFID de la tester à petite échelle. Une équipe se chargera d'installer les récepteurs et les puces RFID dans une infrastructure logistique (un entrepôt par exemple) et de trouver un processus efficace à mettre en place pour optimiser et rentabiliser le plus rapidement la technologie. Une fois ce projet pilote maîtrisé, un déploiement plus important peut être effectué. Bien que les projets pilotes permettent de minimiser les risques, l'échec n'est pas rare. Si les processus au sein de l'entreprise n'étaient pas clairement définis avant le déploiement, le risque d'échec est très élevé. Nous retrouvons ici la notion de risque développée par RAM (1987) comme un frein à l'adoption de la technologie. Il faut aussi prendre en compte qu'en sus des changements intra-organisationnels, les technologies RFID redéfinissent radicalement les processus d'affaires inter-organisationnels dans la mesure où elles permettent la mise en place de nouveaux modèles d'affaires électroniques, plus intégrés et plus collaboratifs.

Il est nécessaire de noter que la RFID est un sujet qui concerne les entreprises mais qu'elle est également une technologie qui soulève des questions réglementaires. En effet, l'identification par radiofréquence pose des questions de standards techniques avec l'harmonisation du spectre juridique au niveau européen, voire au niveau international. Cet aspect représente un frein à l'adoption de la RFID puisque, dans un contexte d'internationalisation de la production et de la distribution, on note l'absence de normes techniques harmonisées à l'échelle de l'Union Européenne. « *Le risque existe de voir utilisés, selon les États, des types de dispositifs électroniques d'identification et de lecteurs différents, fonctionnant sur des fréquences RFID différentes*», note le Parlement Européen à propos de l'identification électronique de la viande bovine le 8 mars 2014. L'absence de standards de communication apparaît comme un élément perturbant un pilotage global de la chaîne logistique (Houé, Guimaraes, 2011).

Le quatrième frein identifié est d'ordre éthique et concerne l'usage des données recueillies ainsi que leur accessibilité. En effet, si les étiquettes RFID sont utilisées à des fins de suivi et de contrôle de la production industrielle et des stocks, elles sont censées ne contenir que des renseignements inoffensifs relatifs aux produits. Cependant, les systèmes d'information avec lesquels les étiquettes peuvent interagir peuvent s'avérer problématiques. Dans le commerce de détail, des renseignements détaillés relatifs aux produits peuvent facilement servir à identifier des personnes lorsqu'ils sont associés à un moyen de paiement électronique ou une carte de fidélité. Ces préoccupations sont amplifiées par la possibilité qu'une étiquette RFID qui demeure active, et par conséquent accessible après l'achat. La Commission nationale de l'informatique et des libertés (CNIL) considère que les RFID constituent des données personnelles. Elle identifie « *quatre pièges qui concourent à minorer le risque que présente cette technologie en matière de protection des données personnelles et de la vie privée : l'insignifiance [apparente] des données, la priorité donnée aux objets [en apparence toujours vis-à-vis des personnes], la logique de mondialisation [normalisation technologique basée sur un concept américain de « privacy » sans prise en compte des principes européens de protection de la vie privée] et enfin le risque de « non-vigilance » individuelle [présence et activation invisibles].* »

Le dernier facteur identifié est inhérent au problème de manque d'information chez les entreprises. Les résultats des analyses de données montrent que les entreprises ne connaissent pas les principaux acteurs du marché : éditeurs, intégrateurs, fournisseurs de matériel. Il y a donc encore un décalage important entre l'image que les entreprises ont de la technologie radio et les réalités sur le terrain.

CONCLUSION

Alors que l'identification par radiofréquence a longtemps été annoncée comme une technologie révolutionnaire, aujourd'hui elle a du mal à s'imposer dans le secteur de la grande distribution. Si aux Etats-Unis la RFID a séduit des *retailers* comme Wal-Mart ou Target pour un déploiement aussi bien dans la partie amont que dans la partie aval de leurs chaînes logistiques, les distributeurs français ont choisi un déploiement seulement sur l'aval en vue de gérer les emballages entre les entrepôts et les magasins. Bien que cette technologie représente des avantages indéniables pour optimiser les flux physiques entre fournisseurs et distributeurs tout au long de la chaîne, son coût reste un frein majeur pour ces deux acteurs qui ne cessent de s'affronter pour le partage de la valeur. Ce climat d'affrontement peut se détériorer davantage si les distributeurs décident d'imposer la RFID à leurs fournisseurs. Nous n'assisterons donc pas à une « révolution », supprimant du jour au lendemain les codes à barres pour laisser place aux tags.

Aussi, force est de reconnaître que la chaîne logistique en France a fait l'objet d'investissements lourds ces dernières années et que les entreprises ne souhaitent pas revoir complètement leur modèle, mais préfèrent intégrer le système RFID sans que cela n'engendre de restructuration de leur système. Or, l'utilisation de la puce RFID demande un changement dans l'organisation logistique de l'entreprise dans la mesure où si elle est attachée au produit, elle engendre des coûts supplémentaires qui sont difficiles à absorber. Si ces puces sont attachées non pas au produit mais au contenant, cela a pour conséquence la gestion de ces supports. Actuellement, la majorité des échanges se font par palettes et la mise en place de puces RFID sur ces supports suppose que leur propriété soit clairement établie et que le circuit emprunté par ces supports soit extrêmement bien maitrisé, ce qui amènerait à une réorganisation de la chaîne logistique. La question du coût se pose là aussi. Ce coût doit-il être supporté par le distributeur, par son fournisseur, ou bien par le consommateur final ?

Au final, la non-adoption de la technologie RFID s'explique par cinq facteurs : économiques (coût des puces et du matériel de réception et de transmission), organisationnels (transformation de l'organisation des activités, des processus et des infrastructures), réglementaires (absence de normes techniques harmonisées à l'international), éthiques (non-respect des libertés individuelles des consommateurs) et managériaux (difficulté d'accès des managers aux informations sur la technologie). Et, comme nous l'avons souligné plus haut, la radiofréquence constitue une composante importante de l'IoT. Ainsi, l'ensemble des freins mis en exergue n'entrave pas seulement l'adoption de la RFID, mais empêche plus globalement une plus large diffusion de l'IoT dans le domaine de la logistique. Si cette technologie fonctionne aujourd'hui comme une machine à collecter des informations brutes, sa capacité à les exploiter laisse encore à désirer. L'intégration de l'intelligence artificielle dans l'écosystème IoT devrait permettre aux objets connectés de comprendre la valeur de l'information recueillie en vue de s'adapter à une situation donnée. C'est le cas par exemple de la rupture de stock d'un produit ou d'une pièce dans un entrepôt qui déclenchera automatiquement une commande auprès du fournisseur. Doter les objets de capacités d'apprentissage grâce à l'intelligence artificielle contribuera à l'émergence d'une véritable culture de données valorisées. Cette intelligence artificielle des objets constitue un terrain très intéressant pour comprendre comment une entreprise peut être capable de créer cette culture de données susceptible de lui conférer un avantage concurrentiel durable.

BIBLIOGRAPHIE

AJZEN, I. (1991), Theory of planned behavior, *Organizational Behavior and Human Decision Processes*, 50(2), 179-211.

ANGELES, R. (2005), Rfid technologies: supply-chain applications and implementation issues, *Infomation Systems Management*, 22(1), 51-65.

ATTARAN, M. (2020), Digital Technology Enablers and Their Implications for Supply Chain Management, *Supply Chain Forum: An International Journal*, DOI: 10.1080/16258312.2020.1751568.

BARDIN, L. (2007), *L'analyse de contenu*, PUF, Paris.

BEN-DAYA, M., HASSINI, E., BAHROUN, Z. (2019), Internet of Things and Supply Chain Management: A Literature Review, *International Journal of Production Research*, 57(15-16), 4719-4742.

BOUDOKHANE, F. (2006), Comprendre le non-usage technique : réflexions théoriques, http:// w3. u-grenoble3. fr/ les_enjeux/ 2006/ Boudokhane/ boudokhane06.pdf.

BOUTET, A., TREMENBERT, J. (2009), Mieux comprendre les situations de non-usages des TIC. Le cas d'Internet et de l'informatique, *Les Cahiers du numérique*, 5(1), 69-100.

BRETON, P., PROULX, S. (2002), *L'explosion de la communication à l'aube du XXIe siècle*, La découverte, Paris.

COMMISSION EUROPEENNE (2014), Sécurité alimentaire : identification électronique des bovins et étiquetage de la viande bovine, 2014, 653; JO L 189, 27 juin, 33.

DAVIS, F. (1989), Perceived Usefulness, Perceived Ease of Use, and User Acceptance of Information Technology, *MIS Quarterly*, 13(3), 319-340.

DAVIS, F., BAGOZZI, R., WARSHAW, P. (1989), User Acceptance of Computer Technology: A Comparison of Two Theoretical Models, *Management Science*, 35(8), 982-1003.

DUMEZ, H. (2013), *Méthodologie de la recherche qualitative: les 10 questions clés de la démarche compréhensive*, Vuibert.

EUROSTAT (2021), *Is your company using internet-connected devices or systems?*, march, Available at https://ec.europa.eu/eurostat/fr/web/products-eurostat-news/-/ddn-20210312-1.

HARDGRAVE, B.C., LANGFORD, S., WALLER, M., MILLER, R. (2008), Measuring the Impact of RFID on Out of Stocks at Wal-Mart, *MIS Quarterly Executive*, 7(4), 181-192.

HLADY-RISPAL, M. (2002), *La méthode des cas : application à la recherche en gestion*, Editions De Boeck Université, Bruxelles.
HOUÉ, T., GUIMARAES, R. (2011), La RFID : Technologie au service de la performance logistique ou simple artifice ? Regard et propositions, *Revue Française De Gestion Industrielle*, 30(4), 75-93.
INSEE (2021), Les TIC et le commerce électronique dans les entrerprises en 2020, avril, enquête disponible sur le site : https://www.insee.fr/fr/statistiques/5349833.
INSEE (2020), Les TIC et le commerce électronique dans les entrerprises en 2019, avril, enquête disponible sur le site : https://www.insee.fr/fr/statistiques/4464231.
INSEE (2018), Les TIC et le commerce électronique dans les entrerprises en 2017, mai, enquête disponible sur le site https://www.insee.fr/fr/statistiques/3535964?sommaire=3535969.
JOUËT, J. (1993), Pratiques de communication, figures de la médiation, *Réseaux*, 60, 99-120.
LATOUCHE, S. (1994), La mégamachine et la destruction du lien social, *Terminal*, 64, disponible sur le site
http://www.terminal.sgdg.org/articles/64/forumlatouche.html.
LEE, I., LEE, K. (2015), The Internet of Things (IoT): Applications, Investments, and Challenges for Enterprises, *Business Horizons,* 58(4), 431-440.
MEULEN, R. (2017), Gartner Says 8.4 Billion Connected "Things" Will Be in Use in 2017, Up 31 Percent From 2016, Gartner Newsroom, Available at https://www.gartner.com/en/newsroom/press-releases/2017-02-07-gartner-says-8-billion-connected-things-will-be-in-use-in-2017-up-31-percent-from-2016.
MEVEL, O., LERAY, Y. (2009), Les promesses relatives à l'implémentation d'une solution RFID : le cas d'une centrale d'achat de la grande distribution française, *Revue Française de Gestion Industrielle*, 28(2), 53-70.
MILES, M.B., HUBERMAN, A.M. (2003), *Analyse des données qualitatives*, De Boeck Supérieur.
MUSA, A., DABO, A.A.A. (2016), A Review of RFID in Supply Chain Management: 2000-2015, *Global Journal of Flexible Systems Management*, 17(2), 189-228.
NASKAR, S., BASU, P., SEN, A. K. (2017), A Literature Review of the Emerging Field of IoT Using RFID and Its Applications in Supply Chain Management, in Lee, I. (ed.), *The Internet of Things in the Modern Business Environment Advances in E-Business Research*, Hershey, PA: IGI Global, 1-27.
PROULX, S. (2002), Trajectoires d'usages des technologies de communication : les formes d'appropriation d'une culture numérique comme enjeu d'une société du savoir, *Annales des télécommunications*, 57(3- 4), 180-189.

PROULX, S. (2005), Pensez les usages des technologies de l'information et de la communication, aujourd'hui : enjeux-modèles-tendances, in Vieira, L., Pinède, N. (eds), *Enjeux et usages des TIC : aspects sociaux et culturels*, Presses Universitaires de Bordeaux, Bordeaux, 7-20.
RAM, S. (1987), A Model of Innovation Resistance, *Advances in Consumer Research*, 14, 208-212.
ROGERS, E. (1983), *Diffusion of innovations*, Third edition, Free Press, New York (Première édition 1962).
SIMONIN, J., WOLFF, E. (2007), Approcher les usages des TIC. Quand le terrain questionne les méthodes, in Wolff, E. (eds), *Travaux et documents. Usages et pratiques des TIC. Méthodes et terrain en questions*, 31, 18-30.
VENKATESH, V., BALA, H. (2008), Technology acceptance model 3 and a research agenda on intervention, *Decision Sciences,* 39(2), 273-315.
VENKATESH, V., DAVIS, F. D. (2000), A theoretical extension of the technology acceptance model: four longitudinal field studies, *Management Science*, 46(2), 186-204.
VENKATESH, V., MORRIS, M.G., DAVIS, G.B., DAVIS, F.D. (2003), User acceptance of information technology: Toward a unified view, *MIS Quarterly*, 27(3), 425-478.
VENKATESH, V., THONG, J., XU, X. (2012), Consumer acceptance and use of information technology: Extending the unified theory of acceptance and use of technology, *MIS Quarterly*, 36(1), 157-178.

DESIGN ET DÉVELOPPEMENT D'UN PROTOTYPE DE MAGASIN CONNECTÉ POUR LES PETITES ENTREPRISES

Ygal BENDAVID
ygal.bendavid@polymtl.ca

Mohamed Wael HACHANI
hachani.mohamed_wael@courrier.uqam.ca

Samad ROSTAMPOUR
rostam_pour.samad@courrier.uqam.ca

Université du Québec À Montréal (Canada), École des sciences de la gestion (ESG), Laboratoire d'internet des Objets (lab. IoT)

RÉSUMÉ

Au cours des dernières années, la poursuite d'une stratégie numérique des entreprises dans le secteur de la vente au détail et, plus récemment, l'utilisation croissante des technologies de l'Internet des Objets (IdO), permettent l'élimination des frontières entre le commerce en ligne et le commerce dans les points de vente physiques. Grâce aux technologies IdO, comme ressources informationnelles et connectives uniques, les entreprises développent de nouvelles capacités décisionnelles. Toutefois, ces technologies profitent surtout aux grandes entreprises et aux chaînes de magasins vs aux petites entreprises pour qui ces projets semblent hors de portée. L'objectif de cette recherche porte à la fois sur un prototype IdO de magasin connecté « accessible », mais aussi sur le processus même de design et de développement du prototype. Pour réaliser ce projet, nous proposons un design de solution qui couvre diverses fonctions, depuis l'identification et le suivi automatique des produits, jusqu'au traitement de l'information en temps réel par les gestionnaires. Il en ressort que les technologies basées sur la radio-identification (RFID), comme standard dominant dans les magasins connectés, sont matures, stables, performantes et financièrement abordables. La complexité de tels projets réside surtout dans le traitement des données, dans leur conversion en informations utiles à la prise de décision, mais cette barrière s'estompe progressivement par la disponibilité croissante d'outils via des plateformes de gestion et de développement de logiciels. Une collaboration industrie-université pour le développement de telles solutions IdO dans des petites entreprises est une piste à exploiter.

Mots-clés :. commerce connecté, omnicanal, Internet des objets, IdO, IoT, RFID, laboratoire, design Science.

ABSTRACT

Designing and developing an IoT enabled smart store prototype for small enterprises

In recent years, an increasing number of companies in the retail sector have adopted a digital strategy seeking to provide customers with an omnichannel, seamless shopping experience, whether they're shopping online, using any device, or in a physical store. Thanks to Internet of Things (IoT) technologies, as unique informational and connective resources, companies are eliminating the borders between online and physical world, while developing new decision-making capacities. However, these technologies mainly benefit large enterprises vs. small ones for whom these projects seem out of reach. The objective of this research concerns both the development of a prototype for an "affordable" IoT enabled connected store, as well as the process of designing and developing of this prototype. To achieve this project, we propose a prototype that covers various functions, from the automatic identification and tracking of the items in a store, to the real time data processing and actionable insights. RFID technologies, as the "dominant design" to track items in stores, clearly appear as mature, efficient and financially affordable. The complexity of such projects lies in the processing of data, in their conversion into useful information for decision-making, but this barrier is gradually fading by the increasing availability of software development platforms and applications. A university-industry collaboration for exploring such IoT projects in small enterprises is one avenue to be exploited.

Keywords: Smart store, omnichannel, Internet of things, IoT, RFID, laboratory experiments, design Science.
JEL Codes: O320

INTRODUCTION

Au cours des dernières années, la poursuite d'une stratégie numérique par les entreprises dans le secteur de la vente au détail s'inscrit dans une tendance de commerce connecté, caractérisé par la numérisation des transactions et l'élimination des frontières entre le commerce en ligne et le commerce dans les points de vente physiques. Dans ce secteur, marqué par le développement de modèles d'affaires aux canaux synchronisés chez tous les acteurs (Verhoef *et al.*, 2015), l'expérience client y est désormais considérée dans un continuum omnicanal, avant, pendant, et après l'achat (c'est-à-dire le « cycle du consommateur »). Or, pour laisser le choix au client de décider de son parcours *« d'achat en tout lieu/ à tout moment et de retour n'importe où »* (Delage, 2017), les technologies de soutien aux entreprises et aux clients sont désormais indispensables (McKinsey, 2020; Shankar *et al.*, 2021; Lorente-Martínez *et al.*, 2020; SalesForce, 2019).

Dans ce secteur, les entreprises qui œuvrent dans le domaine des vêtements (*retail/ apparel*) s'intéressent particulièrement aux technologies et applications de l'Internet des objets (IdO) (Roberti, 2018; Cilloni *et al.*, 2019). Nous retrouvons notamment de plus en plus de cas d'adoption des technologies RFID (Identification par fréquences Radio) pour le suivi en temps réel des produits tout au long de leurs chaînes logistiques, jusque dans le magasin, et des technologies BLE (*Bluetooth Low Energy*) pour le suivi des clients en magasin.

Toutefois, bien que les implantations des solutions IdO se multiplient et que des solutions commerciales (*commercial off-the-shelf -COTS*) sont désormais proposées, les petites entreprises ne profitent pas des retombées de tels projets innovants qui leur semblent hors de portée. De la même manière, si les retombées positives qui découlent de ces projets sont bien documentées, on ne peut en dire autant pour la démarche de développement ou de design de la solution technologique à la base de ces nouveaux modèles d'affaires.

L'objectif de cette recherche porte donc à la fois sur la proposition d'un prototype de solution de magasin connecté, « accessible » pour les plus petites entreprises, mais aussi sur le processus même de design et de développement de cette solution. Cet article est donc orienté sur le design d'une solution IdO *versus* son impact sur la performance des opérations. Il constitue ainsi une charnière entre les articles plus managériaux et les articles plus techniques, et se positionne dans une niche peu couverte en gestion. Le volet technologique de la solution présentée est élaboré dans le but de sensibiliser les gestionnaires à la multiplicité des designs possibles et à l'importance de comprendre l'offre technologique pour envisager le potentiel réaliste et les limites des modèles d'affaires émergents.

Dans la première partie, pour positionner notre travail dans les courants de recherche, nous explorons d'abord une partie de la littérature qui traite des technologies RFID/IdO, et ensuite de leurs applications dans le secteur de la vente au détail. Dans la deuxième partie, nous présentons la démarche de recherche en science du design suivie pour le développement de notre artefact/prototype de magasin connecté. La troisième partie, plus technique, permet de détailler le processus de design et de développement de l'infrastructure matérielle et logicielle de notre prototype de magasin connecté. Dans la quatrième partie, nous discutons des implications techniques et managériales de notre démarche. Finalement, dans la conclusion, nous synthétisons la recherche, nous en présentons les limites et identifions les futures avenues de recherche.

1. L'IDO DANS LE SECTEUR DE LA VENTE AU DÉTAIL

1.1. Infrastructure technologique de l'IdO comme soutien au modèle d'affaires

L'International Telecommunication Union (ITU, 2012, p.1) proposait une des premières définitions de l'IdO comme « *une infrastructure mondiale permettant des services avancés en interconnectant des éléments (physiques et virtuels) basés sur des technologies de l'information et de la communication interopérables existantes et en évolution* ». Il s'agit là d'une vision encore futuriste où les objets (et/ou personnes) ont l'aptitude d'interagir automatiquement (par l'Internet), n'importe où et à tout moment, grâce à la convergence, au moment opportun de diverses technologies. Au cours de la dernière décennie, cette vision a pris forme et nous retrouvons actuellement des définitions plus réalistes comme celle de Nord *et al.* (2019, p.98) qui proposent « ... *l'interconnexion de machines et de dispositifs électroniques (via Internet), permettant la création de données susceptibles de fournir des informations dérivées d'analyses et de soutenir de nouvelles transactions* ». Notre définition va dans ce sens. Nous définissons l'IdO comme un concept où chaque objet physique (vivant ou non) est équipé de technologies lui permettant de communiquer, automatiquement, en temps réel, avec son environnement (physique et logiciel) pour gérer ses propres transactions.

Cette vision se réalise notamment grâce au développement et à la commercialisation de plusieurs technologies et applications. La figure 1 synthétise une architecture de solution IdO dérivée de différents modèles proposés dans la littérature (Nord *et al.*, 2019; Colakovic, Hadzialic, 2018). Le recours à ces modèles permet de comprendre que, pour se réaliser, la vision de l'IdO requiert la co-évolution des nombreuses couches technologiques pour (a) l'identification et la connectivité des objets (b) la capture de données/objets/clients/espaces en temps réel (c) les réseaux de communications sans fil multi-protocoles (d) les plateformes de stockage de données (e) les plateformes logicielles de visualisation, d'analyse et l'intégration aux systèmes de gestion intégrés.

La figure 1 peut servir de cadre de référence entre les responsables managériaux et techniques, car le choix des technologies dans chacune des couches de l'IdO devra s'aligner sur les processus d'affaires envisagés dans la solution à déployer.

Figure 1. Infrastructure technologique de l'IdO

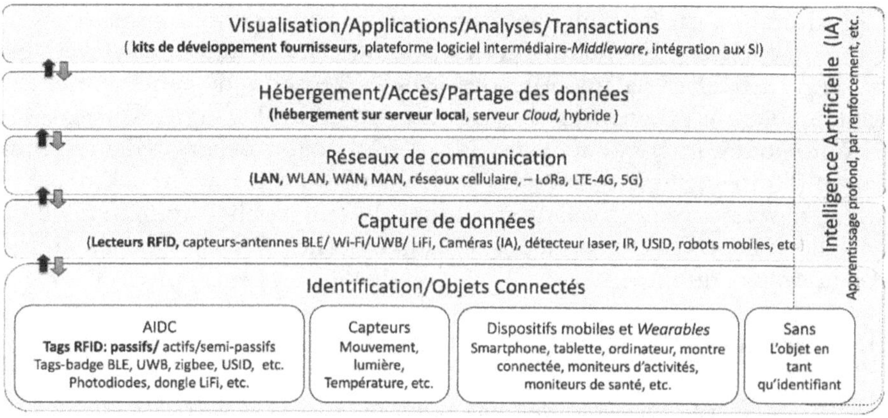

1.2. Intérêt de l'IdO dans le secteur de la vente au détail

Les recherches scientifiques qui portent sur l'IdO dans le secteur de la vente au détail empruntent plusieurs axes. Nous retrouvons d'abord des recherches en gestion de la chaîne d'approvisionnement (Rejeb *et al.*, 2020), tant sur les nouveaux modèles d'affaires (de Vass *et al.*, 2018; Caro, Sadr, 2019) que sur l'impact sur la performance opérationnelle. Plusieurs études portent notamment sur des thèmes logistiques spécifiques comme la gestion des stocks (Quin *et al.*, 2017 ; Cui *et al.*, 2017) ou la productivité de la main-d'œuvre (Shin, Eksioglu, 2015). Un autre pan important de la recherche sur l'IdO dans ce secteur concerne les stratégies d'adoption dans les réseaux (Cilloni *et al.*, 2019) et dans les magasins (Lorente-Martínez *et al.*, 2020). Les bénéfices et les barrières à l'adoption sont aussi discutés au fur et à mesure des avancées dans le domaine (Zhang *et al.*, 2018; Kamble *et al.*, 2019, Shankar *et al.*, 2021).

Nous retrouvons finalement des recherches qui portent sur le volet marketing (Reinartz *et al.*, 2019; Pantano *et al.*, 2018 ; Chan *et al.*, 2018) et l'amélioration de l'expérience client (Choi *et al.*, 2015), ainsi que sur les préoccupations éthiques reliées à l'utilisation de ces technologies (Plangger, Montecchi, 2020; Margulis *et al.*, 2016) ou sur le développement de la réglementation qui encadre l'utilisation de ces technologies (Caron *et al.*, 2016).

La littérature scientifique est toutefois pauvre en ce qui concerne la démarche de design et de développement solutions IdO à la base des nouveaux modèles d'affaires (Metallo *et al.*, 2018). Ce sujet est surtout couvert dans les revues en systèmes d'information (SI) et porte sur des aspects plus techniques (p.ex. développement de nouveaux protocoles de communication, performance technique des dispositifs), moins pertinents pour les gestionnaires qui s'intéressent surtout à la valeur créée par les produits connectés et aux modèles d'affaires possibles (Lu *et al.*, 2018; Metallo *et al.*, 2018, Bilgeri *et al.*, 2018; Porter et Heppelmann, 2015).

La littérature professionnelle compense en partie cette lacune, mais elle n'est généralement pas neutre, et l'élaboration des solutions discutées est restreinte. En effet, la majorité des articles reprennent généralement la problématique d'affaires, les acteurs du projet IdO (client, fournisseurs technologiques, intégrateurs, etc.), la solution proposée, et finalement une analyse d'impacts assez générale sur le plan financier et processuel. Les connaissances partagées quant au design de l'infrastructure matérielle ou logicielle sont souvent génériques, et la démarche de design de la solution est peu ou pas discutée.

1.3. Applications RFID/IdO dans le secteur de la vente au détail

Dans une étude dirigée par des chercheurs de l'université de Parme (Cilloni *et al.*, 2019) les auteurs s'intéressent à l'adoption des technologies RFID, l'une des technologies phares de l'IdO pour l'identification et le suivi automatique des produits dans les chaînes logistiques. Ils indiquent que l'adoption de ces technologies, dans le secteur de la vente au détail, entre désormais dans une phase avancée, notamment pour les entreprises dans le domaine du vêtement et de la mode. L'étude note toutefois que la majorité des déploiements ciblent des applications logistiques telles que la gestion du stock (p. ex. prévention de ruptures de stock, précision des stocks, automatisation de la prise d'inventaire, réapprovisionnement). Dans de tels cas, les technologies RFID permettent d'améliorer la qualité des données sur l'état des marchandises dans la chaîne logistique (actualisation, granularité, précision, etc.) facilitant ainsi le développement d'un modèle d'affaires basé sur une stratégie omnicanal efficiente.

Une étude d'Accenture (2018) présente également des bénéfices observés dans divers projets RFID de gestion des opérations dans le secteur de la vente au détail et insiste sur le rôle du magasin comme lieu d'innovation dans le continuum omnicanal (Figure 2). Cette étude partage des conclusions similaires avec une étude conduite l'année précédente (Zebra, 2017) qui indiquait que près de 70 % des entreprises interrogées dans le secteur de la vente au détail confirmaient leur intérêt à adopter des solutions IdO d'ici 2021, et avaient initié un processus d'adoption des technologies RFID (c'est-à-dire évaluation, pilote, déploiement).

Figure 2. Bénéfices de l'utilisation des RFID en magasin (adaptée de Accenture, 2018)

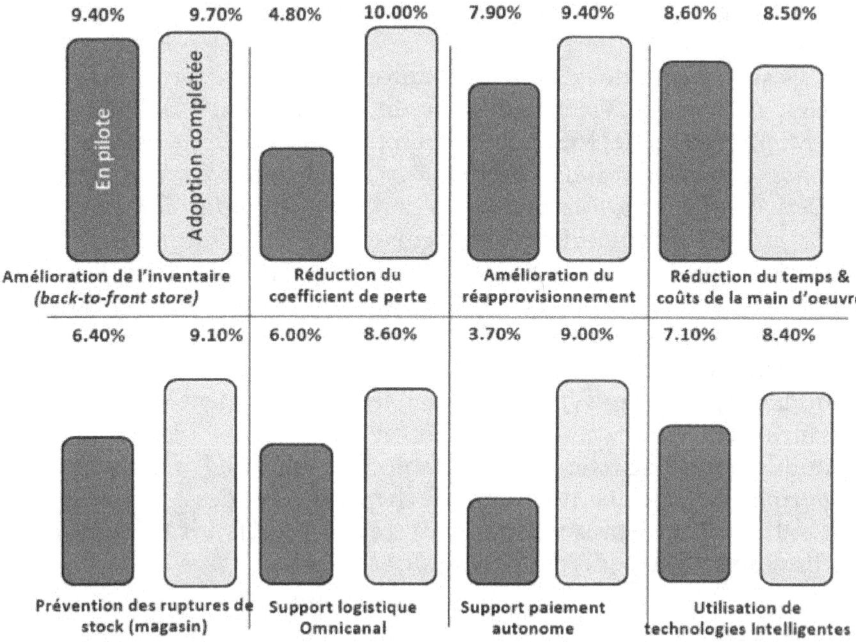

1.4. L'évolution des magasins vers un lieu d'interactions connecté

Les recherches montrent ainsi que, malgré une tendance de plus en plus marquée par l'achat sur Internet, et malgré l'annonce de l'apocalypse du secteur préméditée par certains auteurs, le magasin physique reste un élément essentiel du « *retail mix* » (Delage, 2017). Les clients tiennent aux magasins. Ils ne veulent pas les voir disparaître, mais se transformer pour offrir une expérience omnicanale (Lorente-Martínez *et al.,* 2020 ; Grewal *et al.,* 2020 ; Mc Kinsey, 2020). Avec l'avènement des technologies numériques, dont l'IdO, les magasins évoluent vers un lieu d'interactions (*Hubs*) au confluent des canaux virtuels et physiques (Mou *et al.*, 2018). Les entreprises y explorent de nouvelles initiatives pour améliorer l'expérience client et créer de la valeur relationnelle afin de renforcer le désir du client de revenir dans l'espace physique (Nöjd *et al.*, 2020 ; Lorente-Martínez *et al.,* 2020 ; Pantano *et al.,* 2018). À cette fin, le recours aux technologies interactives en magasin (ou *customer facing in-store technologies -CFIST*) telles que des miroirs connectés, des kiosques informationnels ou des bornes de paiement en mode self-service sont de plus en plus déployés. D'autre part, les entreprises poursuivent leurs initiatives d'amélioration de la performance logistique (Cilloni *et al.,* 2019 ; Accenture, 2018). Dans ces environnements connectés, aussi qualifiés d'« intelligents », les processus d'affaires sont soutenus par des technologies capables de détecter des évènements logistiques (p. ex. dernier produit pris sur une étagère), de s'adapter automatiquement à cette situation (p. ex. lancer une demande de réapprovisionnement) en choisissant des moyens d'action en fonction des circonstances (p. ex. dresser l'inventaire en temps réel, communiquer ces données au système de gestion pour automatiser les commandes).

Dans ce contexte caractérisé par une connectivité clients-magasins, Nöjd *et al.* (2020, p.102162) notent toutefois que « *bien que les recherches dans le domaine du marketing dans un contexte omnicanal se multiplient dans cette nouvelle ère (technologique), moins d'attention a été portée à l'expérience client en magasin* ». Mou *et al.* (2018) reprennent cette remarque, mais d'un point de vue du détaillant, suggérant que peu de recherches portent sur les modes d'adaptation des magasins à cette réalité technologique et omnicanale.

La littérature professionnelle fournit par ailleurs une base de connaissances intéressante pour une analyse comparative des designs de solutions IdO dans ce secteur. En effet, les cas documentés permettent de connaître les applications actuelles et émergentes, les fournisseurs disponibles sur le marché et les technologies utilisées. L'évaluation de ces cas permet de raffiner notre compréhension des designs de solutions actuels. Le tableau 1 présente une synthèse de projets IdO récents dans le secteur (applications et technologies de soutien).

Sur le plan technologique nous remarquons que la majorité des implantations dans le domaine du vêtement et de la mode utilisent des technologies établies et émergentes sur le marché – notamment les technologies RFID passives de Ultra Hautes Fréquences (UHF) qui s'imposent comme le « standard dominant » (Abernathy, Utterback, 1978) pour la gestion des produits dans la chaîne logistique et en magasin. La majorité des cas mise sur des lecteurs RFID fixes (de type *checkpoint*) et/ou des lecteurs portatifs pour soutenir leurs processus. En magasin, les exemples de cas d'application de géolocalisation et de suivi des produits par des solutions RTLS (*Real-time locating system*) basées sur des technologies RFID passives sont encore marginaux et peu documentés.

Sur le plan applicatif, il ressort clairement que la majorité des implantations mise sur la visibilité en temps réel des produits et visent à adresser des problèmes logistiques, principalement reliés à la gestion du stock à différents niveaux de la chaîne logistique. En magasin, elles visent à comprendre le « comportement des produits ». Les solutions déployées permettent ensuite d'utiliser les données capturées en temps réel pour soutenir des fonctions clients telles que des miroirs connectés interactifs.

Sur le plan de l'adoption, sans être exhaustif, le tableau 1 exemplifie une réalité du secteur, dans lequel seuls les acteurs établis (p. ex. chaîne de magasins) aux moyens technologiques et financiers importants ont initié de tels projets. Pour les plus petites entreprises, de tels projets IdO semblent hors de portée. Comme le notent Neirotti *et al.,* (2018), bien que la taille des entreprises soit une variable modératrice plutôt qu'un antécédent dans le processus d'innovation, lorsque ces entreprises œuvrent dans des environnements plus complexes et dynamiques, les PME ont plus de difficultés à développer des capacités technologiques.

Dans le cas de l'IdO, les barrières à l'adoption sont encore nombreuses. Notons, entre autres, la difficulté à comprendre les technologies, les problèmes techniques dont ceux reliés à l'intégration aux systèmes de gestion en place, la sécurité informatique, la multiplication de standards adoptés dans cet écosystème de dispositifs, ainsi que les coûts du projet et les coûts d'opération des solutions (Reyes *et al.*, 2016 ; Kamble, 2019; Shankar *et al.*, 2021).

Le développement d'une solution de magasin connecté « accessible » aux plus petites entreprises doit ainsi tenir compte de ces faits et miser sur les technologies et applications les plus prometteuses (c'est-à-dire RFID passives UHF en logistiques) et tenir compte des barrières à l'adoption pour s'assurer de la pertinence de la solution proposée.

Tableau 1. Exemples de magasins connectés & technologies de soutien

Magasin	Technologies de soutien & Applications	Sources
Amazon Go États-Unis	Code à barres 2D : identification des clients à l'entrée Lecteurs optiques/caméras multiples pour détection des mouvements de produits & Intelligence Artificielle (IA) pour analyse des données; paiements automatisés	Wingfield, 2018
Wal Mar (États-Unis)	Caméras (app. IA) : réapprovisionnement d'étagères, prévention du vol Robots autonomes équipés de lecteurs RFID & optiques (app. IA) : identification des ruptures de stock, détection de prix incorrects ou d'étiquettes erronées (projet de 2017-2020)	Bergounhoux, 2019; Chardenon, 2020
Décathlon (France, Canada)	Lecteurs RFID fixes & portatifs : suivi des produits à travers la chaîne d'approvisionnement (déploiement depuis 2014) Lecteurs RFID fixes en magasin pour paiements automatisés & antivol Robots autonomes équipés de lecteurs RFID pour l'inventaire	Swedberg, 2018a
La Chapelle (Chine)	Lecteurs RFID fixes et portatifs : gestion de la chaîne logistique ; depuis l'usine jusqu'aux magasins Lecteurs RFID fixes et écrans tactiles :"*Smart FittingRooms*" en magasin	Impinj 2018
UNTUCKit (États- Unis)	Lecteurs RFID fixes : identification et corrélation des vêtements essayés en cabines d'essayage *vs* ceux vendus BLE Beacon: Comptage et suivi du trajet client	Swedberg, 2018b
Rebecca Minkoff (Allemagne)	Lecteurs RFID fixes : paiements automatisés aux caisses des magasin & « miroir magique » dans les cabines d'essayage	Swedberg, 2016a
Memove (Brésil)	Lecteurs RFID fixes : suivi-visibilité sur le mouvement des produits (usines/entrepôts)	Impinj 2017b
Celio (France)	Lecteurs RFID portatifs: gestion des stocks en magasin	Dirks, 2018
Zara- Massimo Dutti et Uterqüe (Espagne)	Lecteurs RFID fixes et portatifs: suivi des produits à travers la chaîne	Riano, 2019

	logistique & applications en magasin de type «*Click & Find*» ou «*Click & Go*» (*buy online pick-up in-store* -BOPIS (projet 'Store Mode'), gestion des inventaires et la préparation des commandes en magasin	
Macy's (États-Unis) Marks& Spencer (R.- U.)	Technologies RFID fixes et mobiles : suivi des produits dans la chaîne logistique (usines, centres de distribution, magasins)	Zaino, 2017
Lojão do Brás (Brésil)	Technologies RFID RTLS : localisation des produits en magasin et intelligence d'affaires avec l'analyse des données en temps réel	Perin, 2019
Tigara & Romero (Brésil)	Technologies RFID : suivi des articles dans la chaîne logistique Lecteurs RFID portatifs & iPods : mise à jour de l'information dans le système d'informations (SI) de l'entreprise	Perin 2017a
Sapati (Brésil)	Lecteurs RFID fixes & kiosques équipés de tablettes : amélioration de l'expérience en magasin; autosélection/paiement des chaussures	Perin, 2017b
Rafik Jeans (Brésil)	Lecteurs RFID fixes/portails : identification et suivi des Jeans dès la fabrication dans les usines (pour contrôler la productivité) jusque dans les magasins (pour gérer les approvisionnements et l'inventaire)	Perin, 2018
Scalpers (Espagne)	Lecteurs RFID tunnel : expéditions dans les centres de distribution Lecteurs RFID portatifs : gestion des mouvements de stock entre l'arrière et l'avant du magasin, gestion de l'inventaire	Swedberg, 2018c
Patrizia Pepe (Italie)	Lecteurs RFID fixes : suivi des articles depuis l'entrepôt jusque dans les magasins, en vue d'améliorer l'expérience client.	Impinj, 2017c
Lululemon (Canada)	Technologies RFID : gestion des opérations dans sa chaîne logistique Lecteurs RFID fixes à l'arrière des magasins et les lecteurs portatifs sur le plancher de vente : gestion de l'inventaire, réapprovisionnement	Swedberg, 2016b
Superdry (R.-U.)	Lecteurs RFID portatifs : suivi des produits dans ses centres de distribution et en magasins	Swedberg, 2018d

Undiz (France)	Terminaux RFID portés sur les bras des employés : visibilité du stock en ligne et en magasin, recherche assistée, conseils pratiques	Impinj, 2017a
XXL (Norvège)	Lecteurs RFID fixes : Suivi des commandes dans les centres de distribution et aux magasins pour faciliter le processus de BOPIS	Swedberg, 2018e

La solution envisagée se positionne dans la zone idéale ou *« sweetspot »* des initiatives IdO dans modèle de Caro et Sadr (2019) (figure 3). Les auteurs suggèrent d'une part que l'adoption des technologies IdO peut améliorer la capacité des détaillants à gérer leurs opérations logistiques *(supply-side)* et d'autre part, à raffiner leur compréhension du marché *(demand-side)*.

Par ailleurs, en plus de permettre une amélioration d'efficience de certaines activités telles que la gestion des stocks *(IoT enabling capability)*, elle permet une création de valeur en explorant de nouvelles opportunités d'affaires difficilement possibles autrement, telles que la traçabilité des produits, la proposition de ventes croisées dans les cabines d'essayage, l'assurance de disponibilité des produits pour des activités de type BOPIS, etc. *(IoT enhancing capability)*.

Figure 3. Carte d'opportunité IdO (adaptée de Caro et Sadr, 2019)

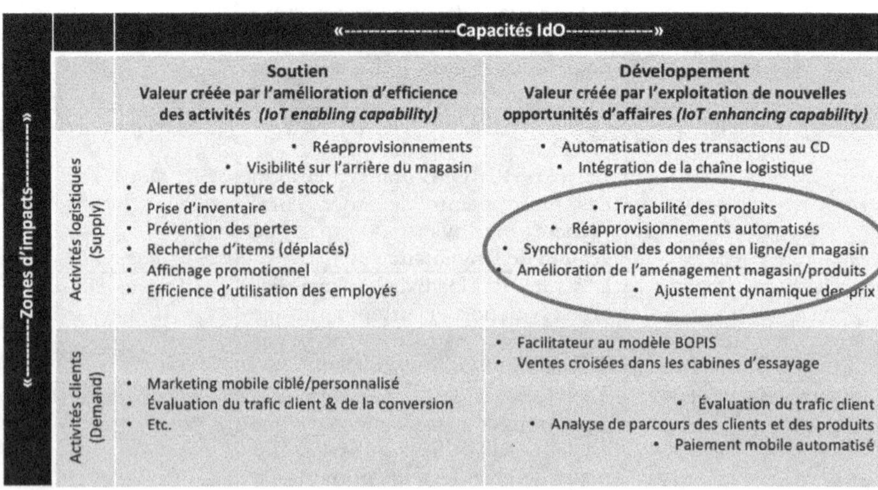

Sans qu'ils l'aient précisé, nous comprenons que les auteurs s'ancrent sur l'approche basée sur les ressources qui repose sur l'idée que la performance d'une firme s'explique par la possession, le déploiement, la combinaison et la coordination de ressources et de l'expression de sa capacité organisationnelle (Renard, Saint-Amant, 2003).

Dans notre cas d'étude, l'infrastructure de l'IdO comme ressource technologique est peu productive en elle-même (tags, lecteurs, serveurs, etc.). Elle permet toutefois le développement de ressources informationnelles uniques, et comme antécédent de la capacité technologique de l'IdO (Caro, Sadr 2019 ; de Vass *et al.,* 2018), elle offre le moyen pour l'organisation d'acquérir des compétences distinctives dans son secteur.

En effet, l'infrastructure de l'IdO ouvre la possibilité de détecter, d'identifier, de connecter et de suivre automatiquement, en temps réel des objets, et de procéder à des analyses décisionnelles basées sur des données précises et actualisées, pour automatiser des transactions et prendre des décisions d'affaires éclairées. Cela dit, l'infrastructure de l'IdO n'est qu'un des éléments du puzzle dans le développement de la capacité technologique (un type de capacité organisationnelle). La transformation numérique des entreprises qui misent sur l'IdO implique d'une part, la maîtrise de la capture des données, mais aussi la capacité de les traiter et de les analyser de manière efficiente, ainsi que la réingénierie des processus en magasin et la formation du personnel (Nord *et al.,* 2019 ; Mc Kinsey, 2020). Il n'en demeure pas moins que la technologie est l'un des piliers de l'IdO que les entreprises doivent appréhender.

2. MÉTHODOLOGIES DE LA RECHERCHE : *DESIGN SCIENCE*

L'approche méthodologique de *Design Science* (Peffers *et al.,* 2007) a été adoptée pour mener à bien cette recherche en adressant le problème de l'inaccessibilité des solutions IdO pour les plus petites entreprises qui évoluent dans un environnement dynamique. Une telle approche permet aux travaux en SI de réduire l'écart entre les connaissances théoriques et les connaissances pratiques afin d'assister les praticiens dans la résolution des problèmes de terrain. Dans le débat rigueur/utilité et la place de la théorisation évoquée par Pascal (2011), notre contribution porte à la fois sur l'artefact (prototype IdO) et sur le processus même de design de cette solution.

La « valeur ajoutée » proposée est dans la clarification du passage du concept de magasin connecté/intelligent à l'opérationnalisation de ce concept, et à sa démocratisation pour les petites entreprises (PE). Cela peut être considéré comme la production de connaissances prescriptives ou propositions de design (Renard, Cloutier, 2018) utiles aux gestionnaires afin de les soutenir dans leurs activités de résolution de problèmes, c'est-à-dire le processus de développement d'un magasin connecté par l'adoption des technologies IdO. La figure 4 synthétise les étapes de la recherche que nous avons suivies.

Figure 4. Étapes suivies de la démarche de Design Science

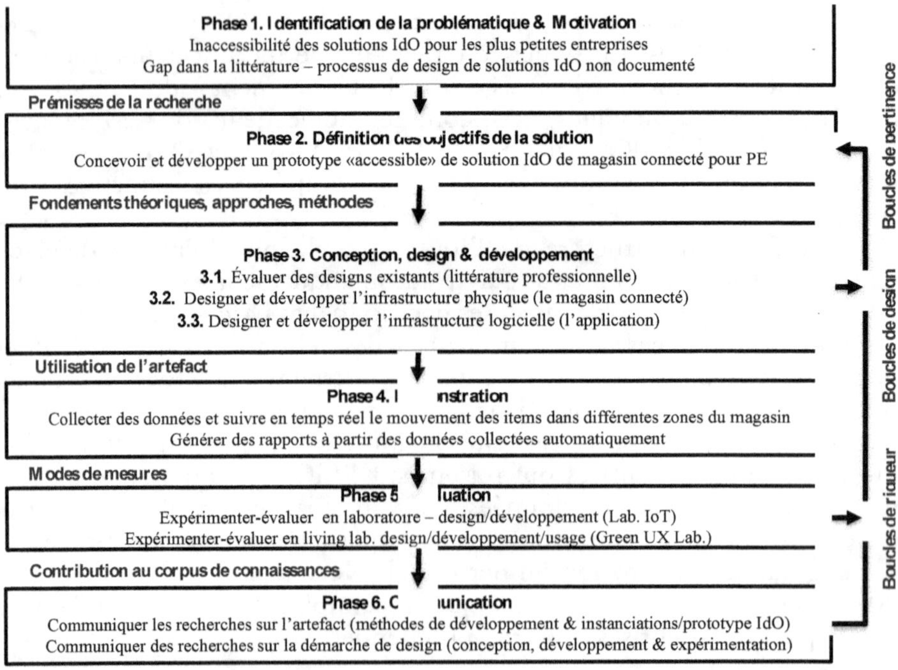

3. PROCESSUS DE DESIGN D'UNE SOLUTION DE MAGASIN CONNECTÉ

Dans cette section, nous présentons le processus de design et de développement de notre solution de magasin connecté. L'ancrage sur l'approche méthodologique de *Design Science* permet de structurer notre démarche et fournir, aux chercheurs et aux gestionnaires, des indications utiles dans leurs propres projets d'IdO. Par ailleurs, bien que certaines parties portent sur des aspects techniques, elles fournissent aux gestionnaires des repères pour discuter avec les responsables des TI (technologies de l'information) d'éléments importants dans le design des solutions IdO.

3.1. Identifier le problème et la motivation du projet IdO

L'identification du problème d'affaires est un élément clé de cette démarche qui permet de circonscrire le problème prioritaire et mieux définir l'objectif et les fonctionnalités de l'artefact SI (voir cas d'applications à la figure 2). Un petit détaillant voudra par exemple adresser un problème ciblé comme « l'inefficience de la prise d'inventaire » et explorer une solution IdO spécifique et innovante par rapport à l'existant. Dans notre cas, nous avons volontairement pris une perspective plus large reliée au manque de visibilité sur les produits, des problèmes qui en découlent, et des opportunités d'amélioration qui en résultent (positionnement dans la figure 3).

3.2. Définir les objectifs de la solution (l'artefact IdO)

Les objectifs se posent sous la forme d'un artefact TI. Dans notre cas, rappelons que l'objectif de recherche porte à la fois sur le prototype de solution de magasin connecté, accessible pour les plus petites entreprises, mais aussi, sur le processus même de design et de développement de cette solution. Étant donné le problème adressé (manque de visibilité sur les produits en magasin) et afin de circonscrire la portée de la recherche, notre prototype mise uniquement sur les technologies RFID passives UHF, principalement utilisées dans l'identification et le suivi automatique des produits en magasin (tableau 1). Ce prototype qui doit répondre aux besoins des gestionnaires en magasin vise à comprendre le comportement des produits dans différentes zones du magasin (p. ex. planchers de vente, cabines d'essayage, arrière-magasin) et soutenir des analyses décisionnelles en temps réel.

3.3. Concevoir et développer la solution (l'artefact IdO)

Pour atteindre notre objectif, le design de la solution est envisagé sous deux angles propres à toute solution IdO qui doit concilier le monde physique et le monde digital. Nous avons :

- Conçu et développé *un prototype physique* RFID d'identification et de suivi en temps réel des produits en magasin (infrastructure physique au sein du lab. IoT de transfert d'expertise en Internet des Objets de l'ESG-UQAM) ;
- Conçu et développé *un prototype applicatif* pour saisir le mouvement des produits connectés en magasin (infrastructure logicielle). Ce sont ces mêmes données brutes, qui, une fois traitées et analysées, sont converties en informations utiles à la prise de décision (*event driven actionable insights*).

3.3.1. Design du prototype physique : la détection des objets et la capture des données

En premier lieu, pour connecter le monde physique, nous avons défini trois zones d'identification et de suivi des items (figure 5-haut) : (1) l'arrière-magasin (zone 1 B*ackstore*) (2) l'avant magasin/plancher de vente (Zone 2 *Frontstore*) (3) la cabine d'essayage (zone 3 *Fitting room*). Ces trois zones d'observation permettent d'identifier les produits et de suivre le flux de leurs mouvements entre l'arrière-magasin et l'avant-magasin (détection par zone), sur les étagères (produits pris/remis) et dans la cabine d'essayage (produits apportés/laissés).

Nous avons ensuite connecté ces zones à l'aide d'une infrastructure technologique (figure 5-milieu) calquée sur la logique du modèle IdO multicouches présenté en figure 1.

Figure 5. Prototype RFID dans le lab. IoT

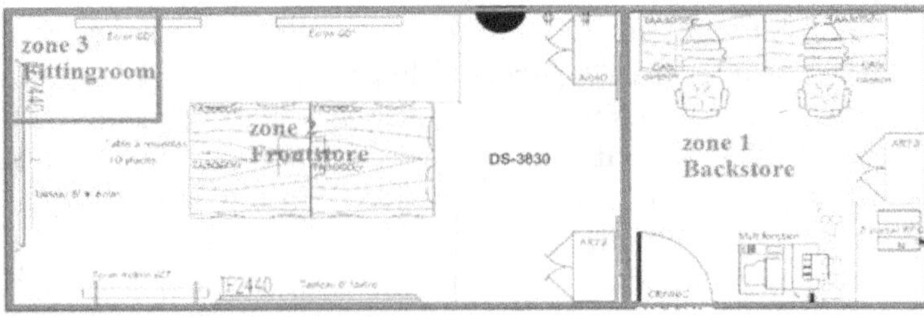

Définitions des zones dans le magasin

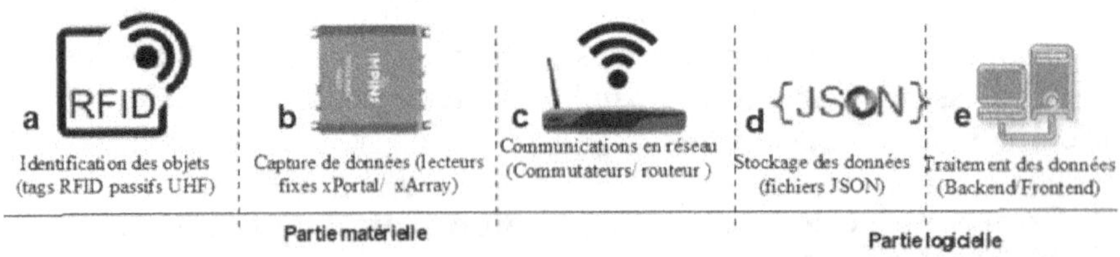

Infrastructure IdO sélectionnée

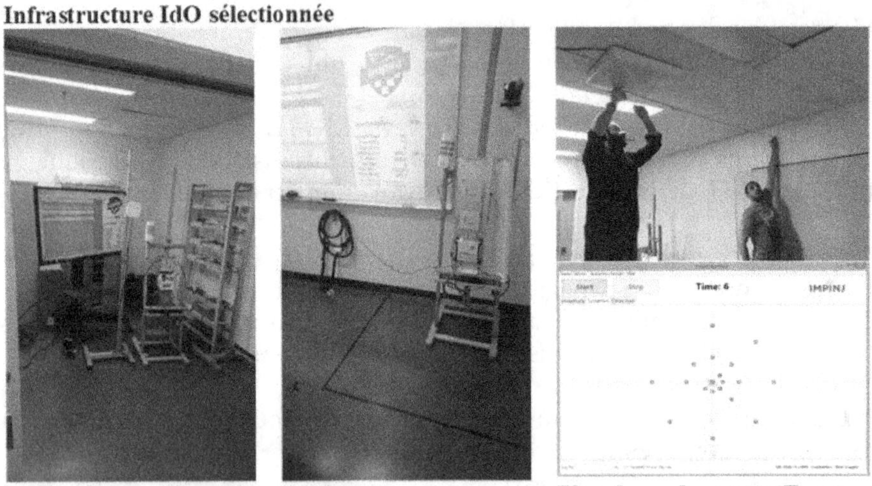

***Back Store* (Zone1) :** lecteur RFID fixe multi-antennes pour contrôler la zone délimitée par chacune des quatre antennes (étagères, entreposage tampon).

Cabine d'essayage/*Fitting Room* (Zone 2) : lecteur RFID fixe pour contrôler la zone délimitée par le marquage au sol (lecteur mural ou installé au-dessus de la cabine)

Plancher de vente/*Front store* (Zone3): (a) haut : installation du lecteur RFID-RTLS au plafond (couverture magasin – zone 1) (b) bas: positionnement des produits détectés selon les axes x, y (*location mode)*

Pour *l'identification des items*, nous avons choisi les tags RFID de *Avery Dennison*, l'un des fournisseurs de tags conçus pour le marché « *Apparel and item-level retail* ».

Pour la *capture des données*, le portfolio de lecteurs RFID est composé de plusieurs modèles possibles. Pour notre magasin, nous avons opté pour trois lecteurs fixes RFID passifs UHF proposés par *Impinj* et qui peuvent s'alimenter par un câble Ethernet PoE (*Power over Ethernet*) : un lecteur RTLS (*xArray)* pour l'identification, la localisation et le suivi du mouvement des produits en temps réel en magasin (coordonnées en x et y), un lecteur fixe avec antennes intégrées (*xPortal)* pour l'identification des items dans des zones précises comme la cabine d'essayage et un lecteur fixe multi-antennes (*Impinj R420)* pour couvrir l'arrière du magasin (*Backstore*). Dans ce dernier cas, l'utilisation d'antennes externes permet de couvrir différentes localisations avec un même lecteur (figure 5-bas). Ces différents lecteurs sont reliés à un commutateur/routeur pour envoyer les données capturées vers la plateforme de stockage et de traitement des données (partie logicielle) – en vue de les convertir en informations.

3.3.2. Design prototype applicatif : le traitement et l'analyse des données

En second lieu, pour connecter le monde physique et le monde digital, nous avons entrepris le développement d'un *prototype applicatif* afin de recréer virtuellement le magasin, d'y récupérer les données-produits, et de les traiter en vue de prendre des décisions d'affaires. Il s'agissait donc de comprendre le comportement des produits en donnant un sens aux données captées dans le monde physique (p. ex. comprendre les préférences des clients par l'identification automatique des produits apportés en cabine d'essayage).

La partie logicielle devait prendre en compte des contraintes telles que (a) le flux des données capturées par les différents lecteurs (b) l'accès immédiat aux données ou (c) le traitement des données en temps réel en minimisant la latence du système. Il fallait aussi miser sur des outils disponibles facilement et des technologies financièrement accessibles pour les petites entreprises. L'application a été structurée en deux blocs (*Backend et Frontend*).

Au niveau du *Backend*, nous devions développer une application pour récupérer des données brutes, soit (i) l'identifiant (ii) la position (iii) le *timestamp* des différents tags et les associer à des produits grâce aux métadonnées (p. ex. type de produit, couleur, taille). Ces produits devaient alors être affectés à des zones spécifiques dans le magasin et ensuite envoyés au *Frontend* pour les visualiser. Nous avons utilisé les kits de développements logiciels (*Software Development Kit* SDK) du fournisseur de lecteurs RFID, soit un ensemble de bibliothèques compilées (en Java ou

.NET) qui permettent de communiquer avec les différents types des lecteurs sélectionnés, de les configurer et de développer des applications.

Du côté serveur, nous avons choisi *Kotlin* (kotlinlang.org) comme langage de programmation orienté objet principalement conçu pour compiler avec la machine virtuelle de Java JVM (*Java Virtual Machine*), très efficace pour des applications en temps réel et compatible avec des applications Android – en vue d'applications mobiles. Une fois les données collectées, nous avons opté pour l'utilisation de fichiers *Json* pour les entreposer avant de les traiter. Ensuite, nous avons utilisé *KTor* (ktor.io), une bibliothèque qui permet de créer des applications web en *Kotlin*, et prendre le rôle d'un serveur d'application. Cela permet de gérer les appels de l'application (requêtes/réponses), les routages des URL, et de gérer le cycle de vie de l'application (p. ex., création, déploiement, destruction, etc.).

Pour le protocole de communication des messages entre *Backend* et *Frontend*, pour traiter un flux de données important et en continu, nous avons choisi *Websocket*. Ce standard web permet la communication continue de messages entre un serveur et un client dans une application web (tools.ietf.org/html/rfc6455). Nous voulions aussi que les clients qui reçoivent les messages puissent répondre par d'autres messages afin de permettre un traitement en temps réel.

Pour la partie *Frontend*, nous avons collaboré avec une entreprise spécialisée en développement de logiciel mobile (*Samsao*) : celle-ci profitait de notre connaissance des technologies IdO et nous profitions de leurs connaissances en développement logiciel. Nous avons misé sur les langages utilisés dans la majorité des applications web, soit : HTML (*Hypertext Markup Language*), CSS (*Cascading Style Sheets*) et *JavaScript*. De plus, nous avons choisi *Reactjs* (fr.reactjs.org) qui est « *une bibliothèque JavaScript pour créer des interfaces utilisateurs interactives* ». Ceci est surtout intéressant lorsque les données changent : *Reactjs* met à jour seulement les parties touchées de l'interface. La performance de rafraîchissement des données est donc très intéressante dans le cas d'applications IdO.

3.4. Démontrer l'artefact IdO dans son contexte d'usage

La première partie de la démonstration de l'artefact concerne le *prototype physique* (figure 5) qui permet la capture des données dans les différentes zones du magasin. Une interface de visualisation (*Item-Test* de *Impinj*) a permis de s'assurer de l'identification des items dans chaque zone, de la portée du champ de lecture, de la précision de localisation et la latence du système. Aujourd'hui, la majorité des lecteurs offre une interface de visualisation des lectures et de configuration pour ajuster de nombreux paramètres (puissance du signal, temps de rafraîchissement des lectures, mode de lectures, etc.). Il ressort clairement que la performance de lecture (lecteurs, antennes, tags RFID) ne constitue plus un enjeu aujourd'hui. En fait, la technologie est tellement performante que la difficulté d'installation est surtout dans la délimitation des zones de lecture ; c'est-à-dire lire seulement ce qu'on veut lire.

La deuxième partie de la démonstration de l'artefact concerne le *prototype applicatif*. La figure 6 (haut) illustre l'interface de l'application développée où nous pouvons enregistrer et suivre en temps réel le mouvement des produits dans différentes zones du magasin. La visibilité sur les produits offre des opportunités d'analyse au-delà des fonctions purement opérationnelles. Par exemple, pour comprendre les préférences des clients envers certains produits, les méthodes actuelles prennent principalement en compte les transactions passées aux points de vente. Or, ces transactions ne donnent qu'une image partielle de la demande réelle. En effet, comme le notent Mou *et al.*, (2018, p. 403) « *la demande réelle des clients (insatisfaits) n'est pas réellement observée… (car) les données des points de vente sont biaisées par de la disponibilité des items ou par la rupture des stocks* ». Les technologies IdO comme ressources informationnelles permettent ainsi de générer des analyses difficilement possibles autrement, et répondre rapidement à des questions comme : quel produit est déplacé ? Quel produit est le plus populaire sur une étagère ? Quel est le produit le moins populaire ? Quels produits sont allés dans quelle cabine d'essayage ? Combien de fois ? Quand ? (Figure 6, bas).

Le prototype de la solution en place a permis de répondre relativement simplement à de telles questions en traitant les métadonnées produit-magasin capturées et entreposées. Pour cela, il s'agit de construire des règles d'affaires simples à coder et à appliquer. Par exemple, pour savoir si un produit est « populaire », on pourra consulter le nombre de fois qu'il a été pris/remis d'une étagère (item détecté/non détecté). Pour savoir si ce produit a été essayé, on pourra consulter le nombre de fois qu'il a été détecté en cabine, le temps qu'il y est resté (*timestamp* détection/disparition), etc. Pour connaître le taux de conversion, on pourra faire le lien entre les produits détectés en cabine et ceux détectés à la caisse, etc.

Figure 6. Interface du prototype IdO

3.5. Évaluer l'artefact SI (notre magasin connecté)

L'évaluation de l'artefact s'est faite autant sur le prototype IdO que sur la démarche qui a mené à sa réalisation.

Pour nous assurer que la solution proposée soit accessible aux PE, nous nous sommes référés aux variables d'influence à l'adoption de l'IdO afin d'aligner nos critères « d'accessibilité » avec les requis du prototype. Cela a permis le développement d'une solution de magasin connecté caractérisée par (a) la simplicité de compréhension de l'infrastructure, (b) la possibilité d'être utilisée comme solution autonome ou *stand alone* (c) basée sur une technologie standardisée et commercialement disponible sur le marché (d) déjà utilisée pour soutenir des applications IdO établies (e) dont le retour sur l'investissement doit pouvoir être évalué simplement.

Pour minimiser les coûts du projet (barrière importante à l'entrée pour les PE), la solution est bâtie sur des technologies RFID facilement accessibles à des prix compétitifs (*COTS*). Pour le développement applicatif, nous avons misé sur l'utilisation SDK des fournisseurs et autres bibliothèques de codes disponibles gratuitement sur le net, et utilisé des langages de programmation standards (Java, .Net) afin de minimiser les difficultés pour des développeurs.

Pour nous assurer de l'ancrage avec les besoins du marché actuels et émergents (utilité de l'artefact), nous avons surtout misé sur des applications logistiques qui répondent aux besoins actuels du secteur (tableau 1 et figure 2).

Afin d'évaluer le prototype IdO dans un environnement plus réaliste, nous l'avons déployé au Green UX lab. de l'ESG-UQAM (Laboratoire de recherche en nouvelles expériences utilisateurs et en éco responsabilité) (figure 7). Ce déploiement dans un *living lab.* a aussi permis l'évaluation de la démarche de design menant à la solution proposée.

Comme l'environnement physique affecte la performance de lecture (interférences, réflexion, diffraction, absorption, etc.), nous avons dû revoir le design de la solution initiale. L'évaluation de notre prototype physique a ainsi démontré ses limites dans certains cas d'applications (p.ex. précision de détection de déplacement de produits sur des étagères, détection dans des zones limites/frontières *Backstore-Frontstore* et *Frontstore*-cabine d'essayage fermée). Dans ce cas, outre la couverture du magasin par un lecteur RTLS, un autre lecteur a dû être ajouté afin de raffiner les zones de lectures (p. ex. en cabine).

Fort de notre expérience, nous avons aussi décidé d'explorer un nouveau design de prototype, en collaboration avec *RF Controls*, une entreprise spécialisée en technologie RFID : celle-ci profitait de notre connaissance du secteur ainsi que de celle d'autres technologies concurrentes (pour des analyses comparatives) et nous profitions de leur technologie et de leur expertise. Nous avons ainsi installé un système *RTLS* (*CS-445 antennas*) dont la couverture de zone plus large, la localisation des tags RFID est plus précise, et l'utilisation de deux antennes permet réellement de déterminer la position des produits en 3D (x, y, z)(figure 7). La rapidité de déploiement des technologies et la facilité relative de configuration du système ont clairement mis en évidence le développement de capacités technologiques (de Vass *et al.*, 2018; Caro, Sadr, 2019) et leur nature dynamique qui se développent et croissent à mesure qu'on les met en action (Renard, St Amant, 2003).

Par ailleurs comme les technologies de capture des données sont standardisées sous la bannière RAIN RFID (rainrfid.org/), et que les protocoles de communications sont semblables (ISO/IEC 18000-63/GS1 EPC UHF Gen 2), le traitement des données est simplifié, permettant d'utiliser la même plateforme applicative avec une infrastructure physique différente ou évolutive.

Figure 7. déploiement du prototype IdO dans un environnement de living-lab

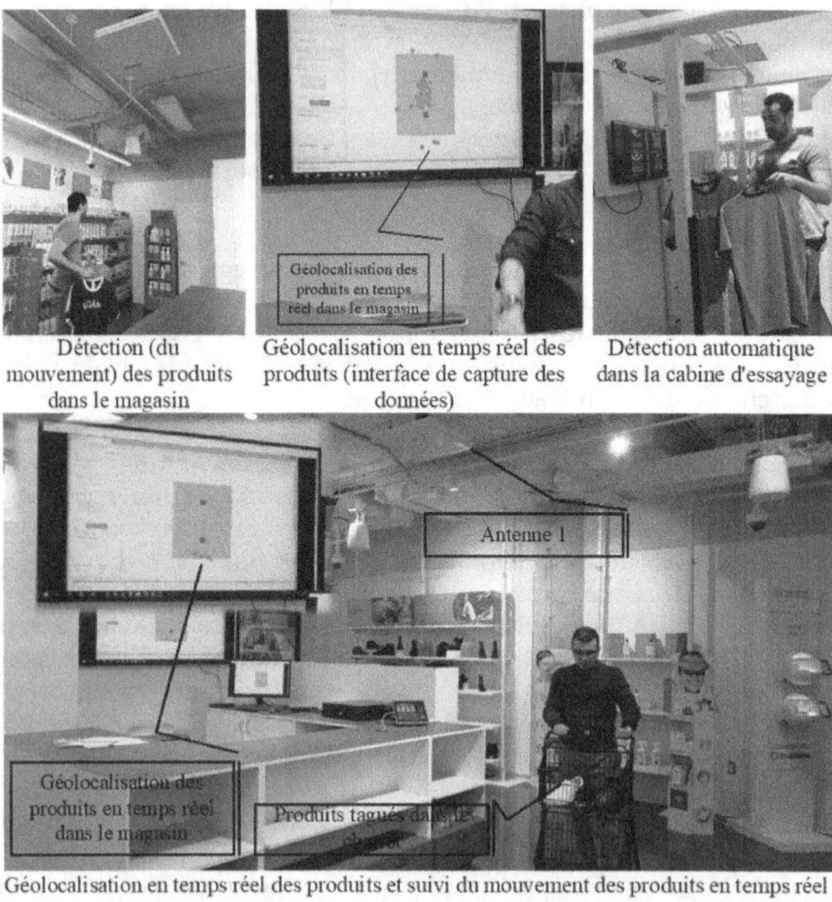

Détection (du mouvement) des produits dans le magasin

Géolocalisation en temps réel des produits (interface de capture des données)

Détection automatique dans la cabine d'essayage

Géolocalisation en temps réel des produits et suivi du mouvement des produits en temps réel

4. IMPLICATIONS TECHNOLOGIQUES ET MANAGÉRIALES

Les implications de cette recherche peuvent être présentées d'un point de vue technique et managérial.

4.1. Implications technologiques des projets d'IdO

Le premier constat qui se dégage de notre recherche est, que pour saisir le potentiel et les limites réels des ressources connectives et informationnelles uniques de l'IdO et envisager des designs de solutions réalistes et réalisables, il n'y a pas de raccourci possible : les gestionnaires doivent d'abord renforcer leur compréhension des technologies IdO. En effet, le développement de capacités décisionnelles qui résultent de l'exploitation des technologies IdO ne s'improvise pas (Gimpel, 2020). Mettre en place ou participer à un projet d'IdO nous semble ainsi être une démarche incontournable dans la mobilisation des connaissances de l'IdO et le développement des capacités technologiques. La portée du projet pilote qui vise la mise en place d'une infrastructure de capture, de traitement et d'analyse des données peut, par ailleurs, être minimaliste (p. ex. limitée à une zone, une catégorie de produit, une application en magasin), mais elle constitue une porte d'entrée incontournable dans le monde de l'IdO et des magasins connectés.

D'autre part, comme l'environnement physique affecte la performance de détection et de suivi des produits, le design de *l'infrastructure physique* devra être personnalisé à l'environnement d'affaires, mais le défi est minimal sur ce plan. En effet, les prototypes désignés et développés ont fait ressortir la simplification de déploiement des technologies RFID et leurs performances techniques au-delà des requis d'affaires. En fait, pour faciliter le design d'une infrastructure connectée, la majorité des fournisseurs établis ont désormais ajusté leurs offres (lecteurs, antennes, tags) et proposent aujourd'hui des produits par application/par secteur.

Cela dit, bien qu'une capture des données en temps réel soit possible partout, et parfois désirable pour la compétitivité des entreprises (Wen *et al.*, 2018), dans la réalité, elle n'est pas toujours utile. Est-il réellement nécessaire d'avoir un inventaire toutes les cinq secondes ? Une précision de localisation de quelques centimètres ? Ou de couvrir toutes les zones d'un magasin ? Les gestionnaires devront donc se questionner sur leurs exigences d'affaires réelles pour le design de leurs solutions et faire des compromis entre les possibilités technologiques et les requis du projet.

La complexité de tels projets réside surtout dans *l'infrastructure applicative* avec le traitement des données (c'est-à-dire la conversion des données en informations utiles à la prise de décisions). Cette barrière s'estompe toutefois rapidement alors que les fournisseurs de technologies RFID et les communautés de pratiques mettent à disposition des utilisateurs, de plus en plus d'outils tels que des kits de développement logiciel ou des interfaces de programmation applicative (API) disponibles via des plateformes de gestion et de développement logiciels (github.com/). Comprenant par ailleurs l'importance d'offrir une solution intégrée (infrastructure physique et logicielle), un nombre croissant de fournisseurs d'infrastructure IdO proposent désormais une offre de plateformes applicatives (en mode local ou hébergé) par le biais de fournisseurs logiciels établis.

4.2. Implications managériales des projets d'IdO

Pour les entreprises qui œuvrent dans le secteur de la vente au détail, une stratégie *«wait* & *see»* n'est désormais plus de mise, alors que les exemples probants d'implantations se multiplient. L'analyse de ces cas indique clairement que lors des déploiements de solutions IdO actuelles, les entreprises misent sur une même infrastructure physique pour exploiter des applications transversales (p. ex. logistique, marketing, intelligence d'affaires) et pour soutenir de nouveaux cas d'applications omnicanal. C'est aussi l'idée suivie avec le développement de notre prototype.

Sur le plan managérial, cette recherche s'inscrit dans la discussion sur les modèles d'affaires novateurs soutenus par l'IdO, la gestion de données massives et l'analyse prédictive. Il en ressort clairement que pour le design de magasins connectés, les technologies RFID sont matures, stables, performantes et accessibles. Leur utilisation permet d'opérationnaliser rapidement des fonctionnalités telles que la gestion continue de l'inventaire, la détection automatique des ruptures d'inventaires en temps réel ou le déclenchement de demande de réapprovisionnement. Cette actualisation automatique des données (factuelles et prédictives) dans les points de ventes physiques et la possibilité, par les gestionnaires, de les partager en temps réel, autant sur le site internet du magasin, qu'avec les acteurs de la chaîne logistique, facilite ainsi l'intégration du magasin dans un modèle omnicanal aux canaux synchronisés.

Aujourd'hui, bien que de plus en plus de solutions soient commercialement disponibles, elles ne sont pas nécessairement à la portée des plus petites entreprises. Une des avenues explorées dans cette recherche pour le design et le développement d'une solution IdO est de miser sur la collaboration industrie-académie. Cette piste peut servir de tremplin à l'exploration de solutions IdO, surtout dans les phases en amont de ces projets d'innovation (Bendavid, Cassivi, 2012). Dans chaque pays, nous retrouvons des laboratoires de recherche comme le lab. IoT qui peuvent être sollicités comme partenaires pour contribuer à une recherche appliquée et faciliter le transfert d'expertise multi-acteurs, industrie-université.

D'autre part, étant donnée l'innovation continue dans le domaine de l'IdO, il est important de surveiller l'évolution du marché, notamment pour les plateformes applicatives dans le secteur, ainsi que les nouveaux systèmes de géolocalisation (RTLS) qui misent sur technologies RFID passives. C'est une des nombreuses pistes prometteuses à explorer dans ce secteur où l'utilisation de nouvelles technologies au confluent de l'IdO et de l'intelligence artificielle répondent aux besoins du commerce connecté (Vallandingham *et al.,* 2018 ; Grewal *et al.,* 2017 ; Venkatesh, 2018 ; Santra, Mukherjee, 2019). L'accessibilité financière à de telles solutions par les plus petites entreprises doit donc faire l'objet d'une veille.

CONCLUSION

Dans cette recherche, nous nous sommes, d'une part, intéressés au développement d'un prototype IdO de magasin connecté, et d'autre part, au processus même du design de ce prototype.

Sur le plan théorique, notre recherche contribue aux discussions sur le rôle des technologies IdO comme ressources informationnelles uniques à la base du renforcement de capacités organisationnelles et au développement de capacités technologiques nouvelles (de Vass *et al.,* 2018 ; Caro, Sadr, 2019). Elle répond ainsi à un intérêt académique de comprendre les mécanismes de création de valeur à partir de l'IdO (Metallo *et al.*, 2018) et constitue une charnière importante et très peu documentée, reliant d'une part les contributions plus techniques dans les revues en SI, et celles plus managériales dans les revues en gestion.

Sur le plan managérial, elle apporte plusieurs éclaircissements aux gestionnaires qui explorent les opportunités d'affaires reliées à l'IdO. Nous clarifions notamment le concept d'IdO et son opérationnalisation (figure 1) avant de présenter de nombreux cas pratiques dans le secteur de la vente au détail (Tableau 1, figure 2). Les deux contributions les plus importantes portent, d'une part sur l'élaboration du prototype de solution « accessible » de magasin connecté (figures 5, 6,7), et d'autre part, sur le processus même de développement de ce prototype IdO, en suivant une recherche en *design science* (figure 4 et section 3). Si une partie de la section 3 est plus technique, elle fournit aux gestionnaires des éléments de discussion importants pour dialoguer avec les responsables TI lors de la planification de tels projets de magasins connectés, à partir de technologies facilement accessibles sur le marché (*COTS*). Nous espérons ainsi que cette recherche renforcera positivement l'attitude envers les technologies qui influencent directement les intentions d'adoption des technologies en magasin (Lorente-Martínez *et al.,* 2020).

Notre recherche comporte par ailleurs plusieurs limites qu'il convient de définir. Premièrement, nous nous sommes principalement intéressés aux technologies RFID passives *vs* le portfolio bien plus large de l'IdO. Ce choix a permis de simplifier le design du prototype, mais limite aussi les applications possibles. Deuxièmement, nous avons ciblé le domaine du vêtement dans le secteur de la vente au détail, un secteur en plein essor quant à l'adoption de l'IdO, bien documenté et dans quel cas une analyse comparative est plus facile que dans d'autres domaines. Troisièmement, la recherche a été conduite dans un environnement contrôlé : le laboratoire universitaire ; ce qui a facilité la démarche de design, principalement centrée sur le volet technologique et opérationnel de la solution. Quatrièmement, comme le notent Nord *et al.* (2019) l'adoption de l'IdO va au-delà de l'infrastructure technologique, il s'agit d'une transformation numérique. Avec l'analyse de données et la redéfinition des processus d'affaires, la technologie n'est donc qu'une des pièces du puzzle dans l'équation opérationnelle (Mc Kinsey, 2020). Nous n'avons donc exploré qu'un aspect limité de l'IdO, vu comme un écosystème complexe et dynamique de technologies, d'applications, de concepts, de méthodologies, de modèles d'affaires et d'acteurs (Bongsug, 2019).

Finalement, d'un point de vue des perspectives de recherche, une première étape viserait à poursuivre la piste de création de valeur (informationnelle, connective et décisionnelle) par l'analyse de données capturées automatiquement en magasin. Il faudrait donc élaborer une solution d'intelligence d'affaires opérationnelle plus complète que celle proposée dans cet article, qui est actuellement limitée à la production de rapports relativement simples.

Une autre étape viserait la conciliation des données de suivi des produits (*via* les technologies RFID) avec les données sur le suivi des clients (*via* les technologies BLE, Wifi ou caméras-IA). Une telle conciliation des données permettrait une compréhension plus affinée du monde physique. Une fois de plus, au cours des dernières années, les technologies utilisées pour des applications de type IPS (*Indoor Positioning systems*), dont le suivi des clients en magasin, ont beaucoup évolué (Zimmerman, Zimmermann, 2020). Bien qu'on retrouve désormais de nombreux fournisseurs établis sur le marché, d'autres entreprises proposent des solutions plus simples sur lesquelles les plus petites entreprises peuvent facilement miser (p.ex. plateforme applicative Opensource et/ou agnostique en termes de technologies IdO). Réellement, aujourd'hui plus rien n'empêche les entreprises de se connecter au commerce connecté !

NOTE

Une version préliminaire qui élaborait le volet technique de cet article a été présentée à la 25e *conférence de l'Association Information & Management*, Marrakech les 10, 11 et 12 juin 2020.

Les auteurs remercient sincèrement les réviseurs pour leur travail de relecture, pour les commentaires avisés et les critiques constructives proposées.

Ce projet de recherche est en partie financé par le LATECE (Laboratoire de Recherches Transdisciplinaires sur les Écosystèmes Informatiques).

BIBLIOGRAPHIE

ABERNATHY, W.J., UTTERBACK, J.M. (1978), Patterns of industrial innovation, *Technology review*, 2, 20-47.

ACCENTURE (2018), Transforming Modern Retail, en ligne : https://www.accenture.com/_acnmedia/pdf-84/accenture-transforming-modern-retail-rfid-in-retail-study-pov-2018.pdf

BENDAVID, Y., CASSIVI, L. (2012), A "living laboratory" environment for exploring innovative RFID enabled supply chain management models, *International Journal of Product Development*, 17(1/2), 94-118.

BERGOUNHOUX, J. (2019), Walmart présente sa vision d'un magasin du futur boosté à l'IA... et tâcle Amazon Go, *L'usine digitale*, en ligne : https://www.usine-digitale.fr/article/walmart-presente-sa-vision-d-un-magasin-du-futur-booste-a-l-ia-et-tacle-amazon-go.N836325

BILGERI, D., FLEISCH, E., GEBAUER, H., WORTMANN, F. (2018), IoT Field Data Can Be Leveraged throughout the Product Lifecycle., *MIS Quarterly Executive*, 18, 3, 191-206.

BONGSUG, K.C. (2019), The evolution of the Internet of Things (IoT): A computational text Analysis, *Telecommunications Policy*, 43(10), DOI: 10.1016/j.telpol.2019.101848

CARO, F., SADR, R. (2019), Internet of Things (IoT) in retail: Bridging supply and demand, *Business Horizons*, 62(1), 47-54.

CARON, X., BOSUA, R., MAYNARD, S.B., AHMAD, A. (2016), The Internet of Things (IoT) and its impact on individual privacy: An Australian perspective, *Computer Law & Security Review*,32(1), 4-15.

CHAN, C.O., LAU, H.C., FAN, Y. (2018), IoT data acquisition in fashion retail application: Fuzzy logic approach, *IEEE 2018 International Conference on Artificial Intelligence and Big Data (ICAIBD)*, 52-56.

CHARDENON, A. (2020), Les robots de Bossa Nova quittent les supermarchés Walmart, *L'usine Digitale*, en ligne : https://www.usine-digitale.fr/article/les-robots-de-bossa-nova-quittent-les-supermarches-walmart.N1023734

CHOI, S., YANG, Y., YANG, B., CHEUNG, H. (2015), Item-level RFID for enhancement of customer shopping experience in apparel retail, *Computers in industry*, 71, 10-23.

CILLONI, G., LEPORATI, R., RIZZI, A., ROMAGNOLI, G. (2019), State of the art of item-level RFID deployments in fashion and apparel retail, *International Journal of RF Technologies*, 10(3-4), 65-88.

ČOLAKOVIĆ, A., HADŽIALIĆ, M. (2018), Internet of things (IoT): A review of enabling technologies, challenges, and open research issues, *Computer Networks,* 144 (24), 17-39.
CUI, L., DENG, J., LIU, F., ZHANG, Y., XU, M. (2017), Investigation of RFID investment in a single retailer two-supplier supply chain with random demand to decrease inventory inaccuracy, *Journal of cleaner production*, 142, 2028-2044.
DE VASS, T., SHEE, H., MIAH, S. J. (2018), The effect of "Internet of Things" on supply chain integration and performance: An organisational capability perspective, *Australasian Journal of Information Systems*, 22.
DELAGE, C. (2017), Comprendre le rôle du magasin physique dans un environnement de vente omnicanal, Rapport de recherche Zetes, en ligne : http://www.supplychainmagazine.fr/TOUTE- INFO/ETUDE S /Zetes_Industry_Report.pdf
DIRKS, J. (2018), Celio choisit le logiciel iD Cloud de Nedap pour son déploiement à grande échelle de lecteurs RFID, en ligne : https://www.nedap-retail.com/fr/celio-choisit-nedap-rfid/
GIMPEL, G. (2020), Bringing dark data into the light: Illuminating existing IoT data lost within your organization, *Business Horizons*, 63, 519-530.
GREWAL, D., NOBLE, S.M., ROGGEVEEN, A.L., NORDFALT, J. (2020), The future of in-store technology, *Journal of the Academy of Marketing Science,* 48, 96-113.
GREWAL, D., ROGGEVEEN, A.L., NORDFÄLT, J. (2017), The Future of Retailing, *Journal of Retailing,* 93(1), 1-6.
IMPINJ (2017a), Undiz lingerie literally flies into customers hands, en ligne : https://www.impinj.com/library/customer-stories/french-retailer-undiz-innovates-on-shopping-with-rain-rfid/
IMPINJ (2017b), Memore boosts store operations and customer experience, en ligne : https://www.impinj.com/library/customer-stories/memove-improves-store-inventory-reduces-theft-with-rain-rfid/
IMPINJ (2017c), Patrizia Pepe doubles logistics effeciency with rain RFID, en ligne : https://www.impinj.com/library/customer-stories/patrizia-pepe-doubles-logistics-efficiency-with-rain-rfid/
IMPINJ (2018), La chapelle innovates store with RFID, en ligne : https://www.impinj.com/library/blog/four-fashion-retailers-changing-the-game-with-rain-rfid/
ITU (2012), Recommandation ITU-T Y.2060, Internet of Things Global Standards Initiative, en ligne : https://www.itu.int/en/ITU-T/gsi/iot/Pages/default.aspx
KAMBLE, S.S., GUNASEKARAN, A., PAREKH, H., JOSHI, S. (2019), Modeling the internet of things adoption barriers in food retail supply chains, *Journal of Retailing and Consumer Services*, 48, 154-168.
LORENTE-MARTÍNEZ, J., NAVÍO-MARCO, J., RODRIGO-MOYA, B. (2020), Analysis of the adoption of customer facing InStore

technologies in retail SMEs, *Journal of Retailing and Consumer Services*, 57102225.
LU, Y., PAPAGIANNIDIS, S., ALAMANOS, E. (2018), Internet of Things: A systematic review of the business literature from the user and organisational perspectives, *Technological Forecasting and Social Change*, 136, 285-297.
MARGULIS, A., BOECK, H., BENDAVID, Y., DURIF, F. (2016), Building theory from consumer reactions to RFID: discovering Connective Proximity, *Ethics and Information Technology*, June, 18, 2, 81-101.
MC. KINSEY (2020), Future of retail operations: Winning in a digital era, en ligne : McK_Retail-Ops-2020_FullIssue-RGB-hyperlinks-011620.pdf
METALLO, C., AGRIFOGLIO, R., SCHIAVONE, F., MUELLER, J. (2018), Understanding business model in the Internet of Things industry, *Technological Forecasting and Social Change*, 136, 298-306.
MOU, S., ROBB, D.J., DEHORATIUS, N. (2018), Retail store operations: Literature review and research directions, *European Journal of Operational Research*, 265(2), 399-422.
NEIROTTI, P., RAGUSEO, E., PAOLUCCI, E. (2018), How SMEs develop ICT-based capabilities in response to their environment: past evidence and implications for the uptake of the new ICT paradigm, *Journal of Enterprise Information Management*, 31(1), 10-37.
NÖJD, S., WESTMAN TRISCHLER, J., OTTERBRING, T., ANDERSSON, P.K., WASTLUND, E. (2020), Bridging the valuescape with digital technology: A mixed methods study on customers' value creation process in the physical retail space, *Journal of Retailing and Consumer Services*, 56, 102161.
NORD, J.H., KOOHANG, A., PALISZKIEWICZ, J. (2019), The internet of things: Review and theoretical framework, *Expert Systems with Applications*, 133(1), 97-108.
PANTANO, E., PRIPORAS, C.V., DENNIS, C. (2018), A new approach to retailing for successful competition in the new smart scenario, *International Journal of Retail & Distribution Management*, 46(3), 264-282.
PASCAL, A. (2011), L'approche du design science au cœur du débat rigueur/pertinence, *16ème édition du Colloque de l'Association Information et Management* (AIM 2011), Mai, Saint Denis de la Réunion, France, ffhal-00652428f.
PEFFERS, K., TUUNANEN, T., ROTHENBERGER, M., CHATTERJEE, S. (2007), A Design Science Research Methodology for Information Systems Research, *Journal of Management Information Systems*, 24(3), 45-77.
PLANGGER, K., MONTECCHI, M. (2020), Thinking Beyond Privacy Calculus: Investigating Reactions to Customer Surveillance, *Journal of Interactive Marketing*, 50, 32-44.

PERIN, E. (2017a), Tigrara, Elza Romero Stores Inventory 4,000 Items Within Two Hours, *RFID Journal*, en ligne: https://www.rfidjournal.com/tigrara-elza-romero-stores-inventory-4000-items-within-two-hours
PERIN, E. (2017b), Shoe Shop Doubles Sales via RFID. *RFID Journal*, en ligne: https://www.rfidjournal.com/shoe-shop-doubles-sales-via-rfid
PERIN, E. (2018), Rafik Jeans Tests RFID to Track 50,000 Items, *RFID Journal*, en ligne : https://www.rfidjournal.com/rafik-jeans-tests-rfid-to-track-50000-items
PERIN, E. (2019), Brazilian Retailer Manages Merchandise Movement, RFID Journal, en ligne : https://www.rfidjournal.com/brazilian-retailer-manages-merchandise-movement
PORTER, M.E., HEPPELMANN, J.E. (2015), How Smart, Connected Products Are Transforming Companies, *Harvard Business Review*, 93(10), 97-114.
RENARD, L., CLOUTIER, M. (2018), Évolution et fondements de la science du design dans les disciplines des systèmes d'information (SI) et du management, *Projectique*, 2018/2, 20, 23-39.
RENARD, L., SAINT-AMANT, G. (2003), Capacité, capacité organisationnelle et capacité dynamique : une proposition de définitions, *Les cahiers du Management Technologique*, 13(1), 43-56.
QUIN, W., ZHONG, R.Y., DAI, H., ZHUANG, Z. (2017), An assessment model for RFID impacts on prevention and visibility of inventory inaccuracy presence, *Advanced Engineering Informatics*, 34, 70-79.
REINARTZ, W., WIEGAND, N., IMSCHLOSS, M. (2019), The impact of digital trans-formation on the retailing value chain, *International Journal of Research in Marketing,* 36(3) 350-366.
REJEB A., SIMSKE, S., REJEB, K., TREIBLMAIER, H., ZAILANI, S. (2020), Internet of Things research in supply chain management and logistics: A bibliometric analysis, *Internet of Things*, 12 100318.
REYES, P.M., LI, S., VISICH, J.K. (2016), Determinants of RFID adoption stage and perceived benefits, *European Journal of Operational Research,* 254(3), 801-812.
RIANO, P. (2019), Inditex fights back analyst's doubts with best quarter since 2017. MDS, *The Global Fashion Business Journal,* en ligne : https://www.themds.com/companies/inditex-fights-back-analysts-doubts-with-best-quarter-since-2017.html
ROBERTI, M. (2018), 100 Million Reasons Why Retailers Should Use RFID, RFID Journal, en ligne : https://www.rfidjournal.com/100-million-reasons-why-retailers-should-use-rfid
SALESFORCE (2019), State of the Connected Customer. Third edition report, Salesforce,
en ligne : https://c1.sfdcstatic.com/content/dam/web/en_us/www/assets/pdf/salesforce-state-of-the-connected-customer-report-2019.pdf

SANTRA, B., MUKHERJEE, D.P. (2019), A comprehensive survey on computer vision based approaches for automatic identification of products in retail store, *Image and Vision Computing*, 86, 45-63.
SHANKAR, V., KALYANAM, K., SETIA, P., GOLMOHAMMADI, A., TIRUNILLAI, S., DOUGLASS, T., HENNESSEY, J., BULL, J.S., WADDOUPS R. (2021), How Technology is Changing Retail, *Journal of Retailing*, 97(1), 13-27.
SHIN, S., EKSIOGLU, B. (2015), An empirical study of RFID productivity in the us retail supply chain, *International Journal of Production Economics*, 163, 89-96.
SWEDBERG, C. (2016a), Rebecca Minkoff Brings Self-Service to Its SoHo Store With RFID, *RFID Journal*, en ligne : https://www.rfidjournal.com/rebecca-minkoff-brings-self-service-to-its-soho-store-with-rfid-2
SWEDBERG, C. (2016b), RFID Brings Lululemon's Inventory Accuracy to 98 Percent, *RFID Journal*, en ligne : https://www.rfidjournal.com/rfid-brings-lululemons-inventory-accuracy-to-98-percent
SWEDBERG, C. (2018a), RFID Reading Robot Automates Decathlon Store's Inventory Management, *RFID Journal*, en ligne : https://www.rfidjournal.com/rfid-reading-robot-automates-decathlon-stores-inventory-management
SWEDBERG, C. (2018b), Men's Clothing Store Brings RFID Intelligence to Fitting Room, *RFID Journal*, en ligne : https://www.rfidjournal.com/mens-clothing-store-brings-rfid-intelligence-to-fitting-room
SWEDBERG, C. (2018c), Scalpers Deploys RFID Across 150 Stores, en ligne : https://www.studio98test.com/ahmad-test/scalpers-deploys-rfid-across-150-stores
SWEDBERG, C. (2018d), Superdry Rolls Out RFID Across Some U.K., All U.S. Stores,
en ligne : https://www.designretailonline.com/news/industry/superdry-rolls-out-rfid-across-some-u-k-all-u-s-stores/
SWEDBERG, C. (2018e), Sporting Goods Retailer Boosts E-Commerce Efficiency, *RFID Journal*,
en ligne: https://www.rfidjournal.com/sporting-goods-retailer-boosts-e-commerce-efficiency
VALLANDINGHAM, L.R., YU, Q., SHARMA, N., STRANDHAGEN, J.W., STRANDHAGE, J.O. (2018), Grocery retail supply chain and planning of consumer trends and enabling technologies, *IFAC PapersOnLine*, 51-11.
VENKATESH, S. (2018), How Artificial Intelligence (AI) is Reshaping Retailing, *Journal of Retailing*, 94 (4), vi-xi.

VERHOEF, P.C., KANNAN, P.K., INMAN, J.J. (2015), From multi-channel retailing to omni-channel retailing: introduction to the special issue on multi-channel retailing, *Journal of retailing*, 91(2), 174-181.

WEN, X., CHOI, T.M., CHUNG, S.H. (2018), Fashion retail supply chain management: A review of operational models, *International Journal of Production Economics*, 207, 34-55.

WINGFIELD, N. (2018), Inside Amazon Go, a Store of the Future, en Ligne : https://www.nytimes.com/2018/01/21/technology/inside-amazon-go-a-store-of-the-future.html

ZAINO, J. (2017), Tagging Retail Items at the Source, *RFID Journal*, en ligne : https://www.rfidjournal.com/tagging-retail-items-at-the-source

ZEBRA, (2017), 2017 Retail Vision Study, en ligne : https://www.zebra.com/content/dam/zebra_new_ia/en-us/solutions-verticals/vertical-solutions/retail/vision-study/retail-vision-study-2017-en-gb.pdf

ZHANG, L.H., LI, T., FAN, T.J. (2018), Radio-frequency identification (RFID) adoption with inventory misplacement under retail competition, *European Journal of Operational Research*, 270(3), 1028-1043.

ZIMMERMAN, T., ZIMMERMANN, A. (2020), *Magic Quadrant for Indoor Location Services Global*, Gartner Research Report.

LA SÉLECTION DE PRESTATAIRES DE SERVICES LOGISTIQUES À L'ÈRE DE L'INTERNET PHYSIQUE ET DE L'INTERNET DES OBJETS

Yuan HAO
yuan.hao@etu.univ-amu.fr
Fouzia OUNNAR
fouzia.ounnar@univ-amu.fr
Patrick PUJO
patrick.pujo@univ-amu.fr

Aix-Marseille Université, CRET-LOG

Gilles PACHÉ
Aix Marseille Université, Centre d'Etudes et de Recherche en Gestion d'Aix-Marseille (CERGAM)
gilles.pache@univ-amu.fr

RÉSUMÉ

Les innovations des technologies de l'information et de la communication touchent l'écosystème industriel et impactent le monde de la logistique par l'interconnexion forte des objets et/ou des acteurs. L'Internet Physique se met notamment en place au travers de réseaux interconnectés et il exploite un ensemble standard de protocoles collaboratifs de routage, de conteneurs modulaires et d'interfaces intelligentes, posant le problème d'un pilotage du système logistique global, ouvert et efficient. L'Internet Physique semble être un concept prometteur en vue de parvenir à une logistique plus durable sur le triple plan environnemental, financier et social. Parallèlement, la question d'un pilotage auto-organisé est désormais au centre de nombreuses investigations relatives à son opérationnalisation au travers des systèmes cyber-physiques, tout particulièrement en référence à une aide multicritère à la décision pour la sélection des prestataires de services logistiques (PSL), dans un contexte d'externalisation logistique accrue. De multiples travaux académiques s'intéressent à l'importance prise par les PSL, à l'évaluation de leurs performances et à leur sélection. La note de recherche porte tout particulièrement sur le processus de sélection des

PSL à l'ère de l'Internet Physique et de l'Internet des Objets lorsque sont associés des éléments liés au développement durable ; la façon dont ces éléments influencent le système logistique est examinée ici en fonction du modèle de la chaîne de valeur.

Mots-clés : Chaîne de valeur, développement durable, Internet des Objets, Internet Physique, pilotage auto-organisé, prestataires de services logistiques (PSL), systèmes cyber-physiques.

ABSTRACT

The selection of logistics service providers in the age of the Physical Internet and the Internet of Things

Information and communication technology innovations affect the industrial ecosystem and impact the world of logistics through the strong interconnection of objects and/or actors. The Physical Internet is especially implemented through interconnected networks and uses a standard set of collaborative routing protocols, modular containers and intelligent interfaces. This raises the problem of a global steering of the global, open and efficient logistics system. As the Physical Internet seems to be a promising concept for achieving more sustainable logistics in terms environmental, financial and social aspects, the impact of sustainable development elements is nowadays significant in decision-making processes, particularly with regard to logistics outsourcing. A self-organized steering is presented as well as its operationalization through cyber-physical systems, based on a multi-criteria decision-making aid for the selection of logistics service providers (LSP). Sustainable development has an impact on the choice of partners to whom logistical operations are outsourced. Many academic works are looking into the importance of LSP, the evaluation of their performance, and their selection in the logistics outsourcing process. In this research note, LSP selection involving sustainable development elements in a Physical Internet and Internet of Things perspective and its impact is studied. The extent to which sustainable development elements influence the supply chain system is discussed here based on value chain model.

Keywords:. Value chain, sustainable development, Internet of Things, Physical Internet, self-organized steering, logistics services providers (LSP), cyber-physical systems.
JEL Codes : L23, L91, M15, Q50

INTRODUCTION

Les sauts technologiques constatés ces dernières années, liés notamment au développement des outils numériques, ont conduit à des changements de paradigmes qui permettent d'interconnecter directement et rapidement offres et demandes (Verdouw *et al.*, 2016). Les évolutions du monde de l'Internet font disparaître l'organisation traditionnelle en filières, branches et métiers, et conduisent le client à pénétrer au sein des processus d'élaboration de la valeur ajoutée en tant que cocréateur de valeur ; l'avantage ira à l'acteur qui saura, en associant de façon active et efficiente les clients, faire naître des possibilités insoupçonnées issues de *business* complémentaires. En référence à ce contexte profondément évolutif, il est important de privilégier un fonctionnement dynamique et évolutif de la chaîne logistique, ouverte sur son environnement externe.

Dans le cadre de la logistique, les organisations expédient actuellement beaucoup d'air (vide) et d'emballages non récupérés, certaines installations d'entreposage sont mal utilisées et/ou dimensionnées, des produits ne sont pas stockés aux bons endroits, des déplacements inutiles de produits sont générés, et globalement, les transports sont inefficients et insoutenables. Depuis la fin des années 1990, le management environnemental s'impose progressivement comme une urgence sociétale majeure, notamment à travers la norme ISO 14001 (Kadri, 2009), et pour améliorer écologiquement la situation des chaînes logistiques, Montreuil (2011) a proposé le concept de l'Internet Physique (ou *Physical Internet* en anglais), qui vise à mettre en place un système logistique global ouvert, efficient et durable. Le concept est fondé sur une métaphore de l'Internet numérique : l'idée clé est d'apprendre de la transmission de l'information sur le Web pour imaginer le transport d'objets physiques (produits), en assurant une bonne qualité de service, une efficacité économique satisfaisante et le respect du développement durable (Pan *et al.*, 2017).

L'Internet Physique répond aux nouveaux paradigmes émergents : l'accès banalisé à l'information et à la communication, la recherche d'une utilisation mondialisée et mutualisée des ressources logistiques, l'émergence d'une approche économique durable, etc. (Ballot, Montreuil, 2014). Il pose par conséquent le problème d'un pilotage global prenant en compte les intérêts de chacun. Dans ce contexte, la présente note de recherche propose d'aborder le pilotage auto-organisé fondé sur l'aide multicritère à la décision et la dynamique des interactions entre acteurs. Pour l'opérationnalisation de ce pilotage, les auteurs s'appuient sur les systèmes cyber-physiques (ou *cyber-physical systems* [CPS]), qui constituent l'une des avancées technologiques majeures sur laquelle repose ce que l'on dénomme la « logistique 4.0 » (Winkelhaus, Grosse, 2020).

L'impact des éléments liés au développement durable est désormais significatif dans les processus de prise de décision, en particulier en ce qui concerne l'externalisation logistique. Face aux enjeux actuels de l'Internet Physique, ceci justifie incontestablement une analyse en profondeur du processus de sélection des prestataires de services logistiques (PSL) lorsque sont associés des éléments liés au développement durable. La façon dont ces éléments influencent le système logistique est examinée ici en mobilisant le modèle de la chaîne de valeur de Porter (1985), une grille de lecture robuste, et largement mobilisée par ailleurs dans de nombreux travaux en management des chaînes logistiques, qui permet de proposer une classification pertinente de la littérature académique consacrée aux critères de sélection des PSL[1].

1. PILOTAGE AUTO-ORGANISÉ : FONDEMENTS THÉORIQUES ET MANAGÉRIAUX

L'approche proposée vise à transformer en profondeur la problématique du transport dans le cadre du management logistique. Classiquement, mettre en place une chaîne logistique consiste à relier de manière prévisionnelle, et pour le transport d'un produit donné, un expéditeur à un destinataire. En situation d'externalisation logistique, ceci nécessite par nature l'intervention d'un PSL ou de plusieurs PSL qui s'occupe(nt) d'organiser un transport ou une succession de transports, en respectant de strictes contraintes temporelles de livraison. L'auto-organisation suggérée dans la note de recherche est fondée sur l'aptitude du produit transporté, sur lequel sont reportées les contraintes du transport (lieux de départ et d'arrivée, dates de livraison, etc.), à dialoguer directement avec les ressources de transport pour trouver les meilleures opportunités en matière de transfert.

En référence à Atlan (2011), l'auto-organisation se réfère à un système qui s'organise, plutôt que de se paralyser, lorsqu'il rencontre des perturbations non prévues. Parmi les applications les plus connues en physique, on peut citer la turbulence et la convection en mécanique des fluides. L'auto-organisation est explicitement fondée sur une mise en ordre croissante, inverse à la logique d'augmentation de l'entropie. Concernant le présent article, l'approche auto-organisée fait partie intégrante d'un projet de recherche intitulé « *Dynamic logistics networks* (DLN) ». Ce dernier répond à l'un des objectifs scientifiques de la

[1] Les auteurs remercient chaleureusement les deux évaluateurs anonymes de *Marché et Organisations*, ainsi qu'Abbad Hicham, co-rédacteur en chef invité, dont les commentaires et suggestions ont permis de largement améliorer une première version de l'article.

communauté en logistique et *supply chain management* (SCM), à savoir l'analyse des processus d'assemblage, désassemblage et réassemblage dynamique des chaînes logistiques (modèle *plug* & *play* / *unplug*). Le projet s'articule autour d'un objectif de pilotage et de performance améliorés, tout en proposant une réflexion approfondie sur la gouvernance des relations inter-organisationnelles au sein des chaînes logistiques.

1.1. Composantes du système logistique

L'approche en matière d'auto-organisation ici mobilisée suppose que les parties prenantes classiques d'un système logistique soient remplacées par différentes composantes telles que les « produits à transporter » et les « ressources de transport ». Il s'agit d'actants au sens de Callon et Latour (1991), autrement dit des objets ayant un « poids » dans des situations de gestion compte tenu de leur participation à un processus (en l'espèce, un processus logistique). Ces composantes ou actants interagissent autour de structures d'informations de type « ordre de transport ». Le produit à transporter est identifié par ses caractéristiques intrinsèques, mais également par ses dimensions, par sa destination finale, par sa date de livraison souhaitée, etc. Chaque ressource de transport a comme objectif de remplir au maximum sa capacité pour optimiser le transport, ce qui répond bien à l'un des objectifs de l'Internet Physique, visant à réduire les circulations à vide économiquement et écologiquement coûteuses (Sternberg, Norrman, 2017). De trop nombreux camions roulent effectivement à vide sur le chemin du retour, et pour éviter une telle situation regrettable, la solution consiste à promouvoir des chargements mutualisés. Ainsi, au lieu de dédier un véhicule à une seule livraison, l'espace libre devrait être systématiquement utilisé pour un ensemble de livraisons, ce que les PSL savent d'ailleurs très bien manager depuis plusieurs décennies (Wang *et al.*, 2016).

L'ordre de transport gère le transport effectivement réalisé. Chacun d'eux est porté par un conteneur physique qui encapsule des marchandises physiques ; il hérite des caractéristiques du produit à transporter. Son objectif est de s'associer à d'autres conteneurs pour constituer un conteneur correspondant aux tailles standard de manutention dans les *hubs*. En effet, l'agrégation / désagrégation de conteneurs sur des segments de transport permet de réaliser des économies d'échelle et d'atteindre une meilleure rentabilité dans chaque utilisation de la ressource. C'est d'ailleurs là que réside tout l'intérêt de l'Internet Physique. Les trois types de composantes, présentées précédemment, doivent être caractérisées par une très large autonomie : chaque composante doit être capable de prendre les décisions qui vont affecter son propre comportement. Les nouvelles technologies de l'information permettent d'envisager une telle autonomie. La logistique 4.0, tout comme l'industrie 4.0 dont elle relève, repose sur diverses avancées technologiques infotroniques parmi lesquelles nous pouvons citer les CPS (Lee, 2008), l'IoT (Internet des Objets, ou *Internet of Things* en anglais) (Saleh, 2018), et l'IoS (Internet des Services) (Kagermann *et al.*, 2013 ; Hermann *et al.*, 2016).

L'IoT propose une infrastructure intelligente des technologies de l'information et de la communication permettant, d'une part, la communication et la coopération en temps réel entre les actants (machines et dispositifs) et, d'autre part, la connexion entre le monde physique et virtuel (Pujo *et al.*, 2016 ; Tao *et al.*, 2017), dans un environnement dynamique connecté donnant accès à des services distants (IoS). De son côté, un CPS est un système embarqué autonome, doté de capteurs pour percevoir son environnement, et capable d'agir sur des processus physiques au moyen d'actionneurs. Connectés les uns aux autres *via* des réseaux digitaux, les CPS sont aptes à utiliser des services distants pour les assister. Ces différents concepts peuvent globalement être considérés comme des extensions de la robotique et de l'automatisation, allant dans la sens de la digitalisation du monde de la logistique (Noyer, 2017).

Les CPS permettent par conséquent une interaction instantanée et continue entre des éléments physiques et des éléments virtuels, et également avec des acteurs extérieurs. Les objets (en tant qu'actants) deviennent de plus en plus autonomes et les systèmes de plus en plus reconfigurables du fait que l'accès à l'information devient possible à tout moment, et de partout (principe d'ubiquité). S'ajoute également à cela la capacité d'intelligence donnée aux objets et aux systèmes, ou la capacité d'aller solliciter, *via* l'aptitude à la communication, des services distants aptes à fournir cette intelligence. Toutefois, afin que chaque composante puisse intégrer dans la prise de ses décisions l'état de son environnement, il est important de pouvoir accroître, d'une part, sa capacité à décider de manière structurée et intelligible et, d'autre part, sa capacité à communiquer avec les autres acteurs du réseau logistique, ce qui conduit à ce que chaque composante soit associée à un CPS.

1.2. Chemins et pilotage auto-organisé

L'approche du pilotage auto-organisé proposée ici est fondée sur la recherche du meilleur compromis possible entre plusieurs possibilités de pilotage, chacune ayant ses avantages et ses inconvénients. La problématique est alors la suivante : pour atteindre une destination, il existe plusieurs chemins possibles, chacun pouvant relever de transporteurs ou de PSL différents. Chaque chemin est constitué d'une succession de segments ; il existe donc potentiellement plusieurs ressources pour effectuer un transport sur un segment donné, et dans une plage horaire donnée. La connexion entre les segments successifs se fait dans un *hub*, avec, à la clé, un éventuel changement de ressource de transport. Il faut donc choisir l'ensemble des ressources sur les différents segments d'un chemin pour assurer la date de livraison d'un produit, ou un retard minimal (acceptable par le destinataire). Par exemple, dans le cadre du transport intercontinental de conteneurs entre la Chine et la France, l'organisation du transport peut être décomposée en quatre phases :

Choix du chemin global de transport : choix du mode de transport (bateau ou train) et des lieux d'étapes principales associés (quels sont les *hubs* de groupage en Chine et de dégroupage en France ?) ;

Choix du transport sur l'hinterland amont (départ) : choix du transporteur qui amènera les conteneurs au port / à la gare précédemment défini(e) ;

Choix du transport intercontinental : choix du transporteur sur le chemin intercontinental (compagnie maritime et/ou ferroviaire) ;

Choix du transport sur l'hinterland aval (arrivée) : choix du transporteur qui amènera les conteneurs du port / de la gare au client (destinataire).

L'auto-organisation présente l'avantage de pouvoir retarder au plus tard la prise de décision, et elle permet d'utiliser des données obtenues en temps réel, et de fait, robustes, car reflétant l'état effectif du système logistique considéré. Pour reprendre l'analyse séminale de Reix (1979), l'auto-organisation accroît dès l'instant la *variété potentielle d'un système*, autrement dit, elle permet une décision flexible qui autorise l'exploration d'un large spectre de décisions ultérieures en vue d'atteindre un résultat satisfaisant. Grâce à cela, l'approche s'avère plus intéressante – au plan actionnable – que des approches recherchant des solutions optimales utilisant des données prévisionnelles, appelées à devenir rapidement obsolètes ou partiellement erronées, et amenant la solution retenue à ne plus être adéquate au moment de son application.

Pour être partie prenante d'un système logistique auto-organisé, chaque acteur doit être doté d'un centre de décision temps réel lui permettant de participer à une négociation par appel d'offres couplé à une analyse multicritère de sa propre performance (Ounnar, Pujo, 2018). Chaque type d'acteur exploite un même mécanisme de décision multicritère (Dubromelle *et al.*, 2010). Cependant, il est décrit par un paramétrage, qui lui est spécifique, et des variables d'état qui varient en fonction du temps et de son fonctionnement. Ainsi, chaque acteur est différentié vis-à-vis d'un ensemble de critères, et c'est une telle différentiation, gérée en temps réel, qui va offrir des opportunités de pilotage intéressantes. La prise de décision multicritère permet d'intégrer des points de vue différents, voire antagonistes, tous contribuant à la construction de la solution de pilotage. Une telle solution émerge par conséquent au niveau global de l'agrégation d'une succession de comparaisons multicritères effectuées au niveau local.

Dans le cadre de cette approche de pilotage, une interconnexion forte entre les acteurs logistiques est primordiale. Un CPS est un système embarqué autonome, doté de capteurs pour percevoir son environnement (comme un capteur GPS, par exemple), capable d'agir sur des processus physiques au moyen d'actionneurs et capables de traitements permettant de mettre en œuvre des prises de décision locales. Chaque acteur du réseau logistique est ainsi représenté par une entité physique associée à un ordinateur embarqué, qui supporte son intelligence associée. Les interactions entre acteurs et les mécanismes de prise de décision constituent les fondements de cette intelligence. Ce type de CPS constitue ce que Pujo et Ounnar (2018) dénomment un CPLS (*cyber-physical logistics system*). Une plateforme de démonstration est en cours de réalisation à Aix-Marseille Université, dont l'objectif est de permettre un fonctionnement conjoint ou indépendant de solutions CPLS réelles ou simulées. Le service distant d'aide multicritère à la décision peut être appelé indifféremment par un CPLS simulé ou par le calculateur embarqué d'un CPLS (voir la Figure 1).

Tout CPLS appartient *in fine* à un réseau logistique dans lequel les décisions collectives émergent sur la base d'une aide multicritère à la décision, sachant que ces décisions collectives doivent respecter les intérêts de chaque acteur du réseau logistique. En effet, la décision se fonde sur la recherche d'un compromis, conduisant à identifier l'importance relative d'un critère par rapport à un autre. Depuis les travaux majeurs initiés par Roy (1985) au sein de l'école française de recherche opérationnelle, la démarche est largement développée dans le cadre des approches multicritères dont l'objectif est d'identifier un compromis jugé satisfaisant sur la base d'un ensemble de critères décrivant une situation. On peut parler de « rupture paradigmatique » dans le champ de la recherche opérationnelle, et plus largement, des processus de prise de décision car, comme le notent David et Damart (2011, p. 21), il apparaît explicitement que dans la pensée de Roy (1985), « *non seulement la rationalité est limitée, mais il n'existe pas une rationalité unique qui puisse rendre légitime un critère unique qu'il s'agirait d'optimiser* ». Dans le cadre de notre proposition, nous nous sommes appuyés sur la méthode d'aide multicritère à la décision, ou *analytic hierarchy process* (ANP), de Saaty (1980), mise en œuvre en temps réel. En effet, en fonction de l'état réel de chaque acteur, les valeurs associées aux critères seront différentes, l'analyse multicritère conduisant dès l'instant à faire émerger le « meilleur » acteur, c'est-à-dire celui qui répondra au mieux au compromis recherché.

Figure 1. Architecture de la plate-forme de démonstration

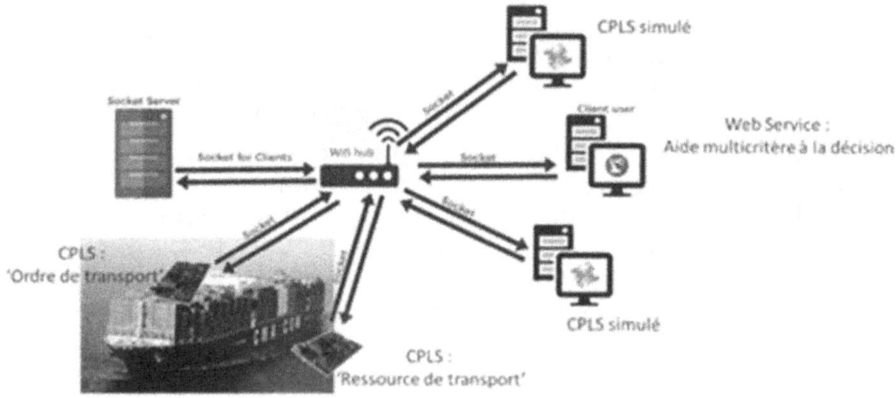

Source : Ounnar et Pujo (2019)

Par ailleurs, du fait de la capacité finie de chaque acteur, il est nécessaire de respecter un équilibre entre charge et capacité au niveau de chacun d'eux. Il s'ensuit en conséquence un lissage automatique de charge entre les différents acteurs potentiels, ce qui permet ainsi de proposer à plus long terme un système équitable de répartition des charges entre les différents acteurs du réseau. Dans tous les cas, les PSL les plus performants seront ceux qui rempliront le plus rapidement leur planning de charge, tandis que les PSL les moins performants se retrouveront, quant à eux, plus ou moins en situation de simple variable d'ajustement ; à charge alors pour eux d'améliorer leurs performances (fiabilité, délai, coût, qualité, etc.), pour augmenter leur niveau de qualité de service et pouvoir proposer une offre de services plus en adéquation avec les besoins exprimés par les chargeurs, seule manière d'espérer sortir de la situation de « PSL d'ajustement ».

L'intérêt théorique de l'approche auto-organisée est d'offrir au chercheur l'opportunité d'opérationnaliser de manière originale le concept d'Internet Physique dans la mesure où ce dernier se réfère à différents critères pouvant être améliorés grâce à l'interconnexion des réseaux de prestations logistiques (Ballot, Montreuil, 2014). Dans le but de pouvoir mettre en œuvre l'analyse multicritère sous-tendue, nous nous intéresserons à l'identification des critères de choix mobilisés pour la sélection d'un PSL et, particulièrement, à l'influence des critères « développement durable » relatifs à la mise en place d'un pilotage efficient et soutenable du réseau logistique. La prise en compte de la dimension logistique dans la réduction des pertes par dissipation d'énergie et de ressources rares constitue effectivement l'un des axes majeurs des réflexions engagées en matière d'écologie industrielle depuis plusieurs années (Laperche, Merlin-Brogniart, 2016).

2. ANALYSE DES CRITÈRES MOBILISÉS LORS DE LA SÉLECTION DE PSL

L'importance des PSL, ainsi que la nécessité de mettre en place des pratiques soutenables en matière de logistique, sont soulignées par Fulconis et Paché (2011) et Evangelista (2014). Les trois principales raisons de faire appel à un PSL sont : (1) le rôle d'expert des PSL dans le traitement du transport et des activités connexes en raison de l'externalisation accrue de la logistique (Wolf, Seuring, 2010) ; (2) l'élargissement significatif des compétences des PSL couvrant les besoins diversifiés des membres de la chaîne logistique (Aguezzoul, 2013) ; et (3) la nécessité de prendre en compte des critères de développement durable, notamment en référence à des logiques de mutualisation (Lieb, Lieb, 2010 ; Abbasi, Nilsson, 2016 ; Evangelista *et al.*, 2018). À la suite d'une recherche bibliographique extensive, les critères de sélection des PSL ont été mis en évidence au travers du modèle de la chaîne de valeur de Porter (1985). Le modèle a été par ailleurs enrichi par des critères de développement durable en se basant sur les travaux de Porter et Linde (1995a, 1995b), et de Gereffi et Kaplinsky (2001).

2.1. Méthodologie

La démarche de sélection des PSL en contexte de développement durable peut être analysée en référence à plusieurs critères et indicateurs, qui renvoient globalement à trois dimensions : (1) la *performance environnementale*, fondée sur des normes de durabilité définies par l'entreprise en matière de respect des réglementations légales, de réduction des déchets et de productivité ; (2) la *performance économique*, fondée sur la qualité des processus inter-organisationnels entre partenaires de la chaîne logistique impliqués dans une démarche de logistique durable ; et (3) la *performance opérationnelle*, fondée sur des normes ou indicateurs opérationnels relatifs à l'efficacité et l'efficience de l'externalisation logistique (Centobelli *et al.*, 2017). La classification a pour intérêt de résumer les principes d'évaluation dans une perspective macro-économique, tout en sachant que l'identification des critères/indicateurs et l'analyse multicritère précédemment évoquée dans la note de recherche, nécessitent également une perspective plus micro-économique, s'appuyant sur une grille de lecture robuste. Le modèle de la chaîne de valeur de Porter (1985) est retenu à cette intention.

L'état de l'art réalisé se fonde sur l'utilisation de 17 combinaisons de mots clés en vue d'identifier les publications pertinentes sur le sujet, parues dans 56 supports académiques (en langue anglaise), retenus à partir des classements (2017) de la FNEGE et de la Section 37 du CNRS, qui définissent quatre catégories en fonction du rayonnement et de la sélectivité de chacune des revues (du niveau le plus élevé [1] au niveau le plus faible [4]). Une dizaine de revues hors classements, mais considérées comme importantes par la communauté, ont également été retenues (voir le Tableau 1). Les combinaisons proprement dites de mots clés sont les suivantes : *analysic hierarchy process* ; *green/sustainable supply chain* ; *logistics services providers/3PL/4PL/outsourcing logistics* ; *logistics services providers* ET *analytic hierarchy process* ; *logistics services providers* ET *multicriteria* ; *logistics services providers* ET *analytic hierarchy process* ET *multicriteria* ; *Physical Internet* ; *Physical Internet* ET *logistics services providers* ; *supply chain management* ; *sustainable development* ET *analytic hierarchy process* ; *sustainable development* ET *logistics services providers* ; *sustainable development* ET *multicriteria* ; *sustainable development* ET *logistics services providers* ET *multicriteria* ; *sustainable development* ET *logistics services providers* ET *Physical Internet* ; *sustainable development* ET *multicriteria* ET *analytic hierarchy process* ET *logistics services providers* ; *theory* ET *logistics services providers* ; *theory* ET *supply chain.*

Les 689 indicateurs résultant de l'analyse, y compris les indicateurs relatifs aux 50 critères qui caractérisent le développement durable, sont identifiés dans le corpus final constitué de 80 articles publiés entre 1991 et 2018, et qui traitent simultanément du choix des PSL, de la gestion intégrée des chaînes logistiques et de la prise en compte du développement durable dans le contexte d'externalisation logistique[2]. Afin de catégoriser les différents critères, les cinq points suivants ont été pris en considération : (1) comptabilisation du nombre d'occurrences du critère dans les publications ; (2) identification du nombre de sous-critères (indicateurs) par critère ; (3) classement des critères selon les blocs de la chaîne de valeur de Porter (1985) ; (4) identification des critères prépondérants dans chacun des blocs ; et (5) classement des critères associés au développement durable dans chaque bloc de la chaîne de valeur, à partir des indicateurs relatifs au développement durable.

[2] La liste complète des 80 articles constituant le corpus est disponible sur demande auprès des auteurs.

Tableau 1. Liste des revues retenues pour analyse

• Academy of Management Journal • Academy of Management Review • Administrative Science Quarterly • Annals of Operations Research • Benchmarking: An International Journal • Business Strategy & the Environment • California Management Review • Engineering Management Research • Expert Systems with Applications • Global Journal of Flexible Systems Management • Harvard Business Review • Industrial Management & Data Systems • Industrial Marketing Management • Information Systems Frontiers • Information Technology & Management • International Journal of Business Insights & Transformation • International Journal of Computer Integrated Manufacturing • International Journal of Electronic Business Management • International Journal of Logistics Management • International Journal of Logistics Systems & Management • International Journal of Operations & Production Management • International Journal of Organizational Innovation • International Journal of Physical Distribution & Logistics Management • International Journal of Production Economics • International Journal of Production Research • International Journal of Quality & Reliability Management • International Transactions in Operational Research	• IUP Journal of Operations Management • IUP Journal of Supply Chain Management • Journal of Business Ethics • Journal of Business Logistics • Journal of Business Strategy • Journal of Cleaner Production • Journal of Economics & Management • Journal of Economics & Management Strategy • Journal of Environmental Management • Journal of Intelligent & Fuzzy Systems • Journal of International Business Studies • Journal of Management Analytics • Journal of Management Studies • Journal of Operations Management • Journal of Supply Chain Management • Management Decision • Management Research Review • Manufacturing & Service Operations Management • Omega: The International Journal of Management Science • Operations Research • Production & Operations Management • Research in Transportation Business & Management • Resources, Conservation & Recycling • Studies in Computational Intelligence • Supply Chain Forum: An International Journal • Supply Chain Management: An International Journal • Transportation Journal • Transportation Research Part D: Transport & Environment • Transportation Research Part E: Logistics & Transportation Review

2.2. Démarche analytique en deux étapes

La première étape d'analyse des critères a consisté en une description graphique axée sur tous les critères et indicateurs recueillis à partir de l'état de l'art. La Figure 2 illustre l'importance de chaque activité de la chaîne de valeur au cours du processus de sélection des PSL. Chaque rectangle coloré indique le nombre d'indicateurs associé à chaque item analysé. Nous observons sur la Figure 2 la proportion des indicateurs de chaque critère mobilisé dans chaque partie des activités de la chaîne de valeur de Porter (1985), et s'il s'agit ou non d'indicateurs relatifs au développement durable. Le Tableau 2 synthétise le nombre d'indicateurs par activité et par bloc, et il met en évidence la part d'indicateurs relatifs au développement durable.

Figure 2. Répartition des critères dans la chaîne de valeur

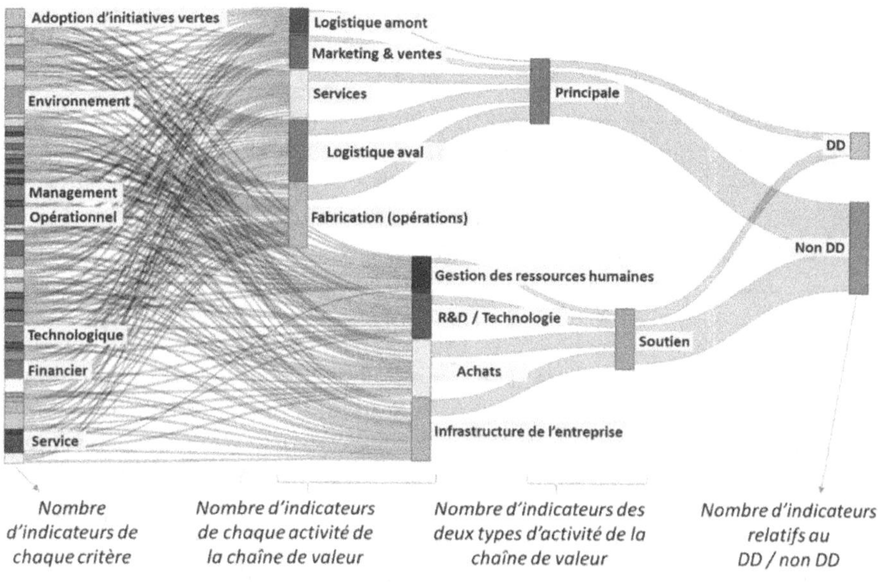

* DD : Développement Durable

Tableau 2. Répartition des critères par type d'activité de la chaîne de valeur (activités principales, activités de soutien)

Développement durable (DD) : 142					Sans développement durable (non DD) : 547			
Soutien : 85			Principale : 57		Soutien : 253			Principale : 294
Primaire : 351					Soutien : 338			
Logistique amont	Marketing & ventes	Services	Logistique aval	Fabrication (opérations)	Gestion des ressources humaines	R&D* / Technologie	Achats	Infrastructure de l'entreprise
23	*47*	*74*	*101*	*106*	*44*	*67*	*112*	*115*

* R&D : Recherche et Développement

Vu la différence significative entre le nombre total d'indicateurs relatifs au développement durable par rapport aux autres types d'indicateurs (142/547), nous constatons que ces critères commencent à être pris en compte pas à pas dans la sélection des PSL, mais la généralisation d'une telle évolution est pour l'instant loin d'être acquise. Ceci souligne le potentiel de déploiement de l'Internet Physique dans les prochaines années. Il est intéressant de noter par ailleurs que les activités de soutien semblent être davantage associées aux éléments de développement durable. Actuellement, les entreprises sont plus susceptibles d'accorder de l'attention aux éléments du développement durable lorsqu'elles prennent des décisions sur les activités liées à l'infrastructure de l'entreprise dans la mesure où le coût financier, le coût humain et le coût des installations sont plus faciles à contrôler. Se fondant sur le Tableau 3, la Figure 3 illustre le pourcentage de prise en compte de critères relatifs au développement durable au niveau de chaque activité dans le modèle de la chaîne de valeur.

Tableau 3. Pourcentage d'indicateurs DD par activité de la chaîne de valeur

Activités de la chaîne de valeur	Nombre d'indicateurs non liés à des éléments de DD	Nombre d'indicateurs liés à des éléments de DD	% d'indicateurs DD
Infrastructure de l'entreprise	78	37	32,17 %
Achats	73	39	34,82 %
Fabrication (opérations)	65	41	38,68 %
Logistique aval	94	7	6,93 %
Services	71	3	4,00 %
R&D / Technologie	59	8	11,94 %
Marketing & ventes	43	4	8,51 %
Gestion des ressources humaines	43	1	2,27 %
Logistique amont	21	2	8,70 %

Figure 3. Modèle de la chaîne de valeur complété par des éléments de développement durable

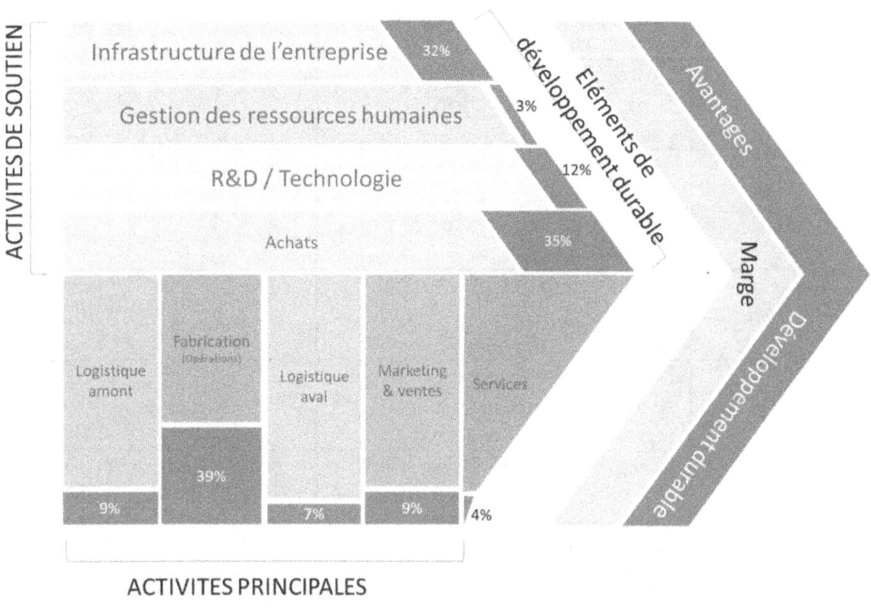

Le modèle présenté en Figure 3 met en évidence que les éléments relatifs au développement durable prédominent dans les activités opérationnelles. Ces éléments sont plus considérés au niveau de l'infrastructure de l'entreprise qu'au niveau des activités logistiques amont et aval. Il en va de même pour la gestion des ressources humaines. Dans le système logistique actuel, une entreprise respectueuse de l'environnement pourrait générer une hausse de ses prix en aval, sur les marchés. Toutefois, il est possible d'être optimiste quant à la reconnaissance sociétale des éléments du développement durable : les critères relatifs au développement durable sont un peu plus présents que dans la logistique aval. Il semble patent que le concept d'Internet Physique devrait contribuer à la mise en place de solutions durables pour la logistique amont et aval.

Tableau 4. Liste des critères et nombre d'occurrences par publication

Critères	Définition	Nombre d'occurrences	% cumulé
Financier	Éléments financiers conduisant au coût financier ou à la structure financière de l'entreprise	23	16,24 %
Services	Capacité et qualité de l'offre de services	15	23,86 %
Performance	Évaluation du rendement de l'entreprise (réalisations de l'entreprise)	14	30,46 %
Culture	Culture d'entreprise, y compris la dimension sociétale	12	36,55 %
Technologique	Adoption de technologies favorisant l'efficacité des opérations, du service et de l'organisation	12	42,64 %
Environnemental	Efforts de prise en compte des questions environnementales	11	48,22 %
Flexibilité	Efforts pour rendre l'offre de service à la clientèle plus efficace et plus réactive	11	53,81 %
Management	Mesures utilisées pour suivre et évaluer la gouvernance institutionnelle	9	58,38 %
Qualité	Degré d'évaluation du taux de qualité de service	7	61,93 %
Opérationnel	Actions / données relatives au stockage, au suivi des flux, au transport, etc.	6	64,97 %

La deuxième étape d'analyse des critères a été réalisée en tenant compte du nombre de fois où les critères ont été cités par publication. Cette étape a permis de classer l'importance relative des critères. Ensuite, selon le principe de Pareto, nous avons obtenu une liste de dix critères principaux. Le Tableau 4 synthétise lesdits critères et met en évidence la faible utilisation des critères relatifs au développement durable. On peut donc parler de dissonance entre la vision académique et la vision managériale dans la mesure où, comme l'indique le travail de Senkel (2009) sur la communication RSE (Responsabilité sociétale des entreprises) issue des PSL en contexte européen, ces derniers utilisent de multiples supports pour signaler avec vigueur leur positionnement environnemental, et plus largement, les actions conduites dans cette direction au service de leurs clients.

3. DISCUSSION ET CONCLUSION

À partir du réseau de transport distribué et ouvert d'informations qu'est Internet, la transposition du concept au transport des produits, et donc aux activités logistiques d'acheminement, permet de proposer une véritable révolution logistique, articulée autour d'un système mondial de pilotage des flux, ouvert et exploitant des réseaux de transport et d'approvisionnement interconnectés *via* des *hubs* intermodaux, tout en utilisant des protocoles collaboratifs et des conteneurs standardisés modulaires et adressables *via* des interfaces intelligentes standard. Chaque entité physique est associée à un ordinateur embarqué qui supporte son intelligence associée, tandis que chaque CPLS appartient à un réseau dans lequel les décisions collectives émergent sur la base d'une aide multicritère à la décision au sens de Roy (1985). Dans le cadre de l'Internet Physique, nous avons présenté ici quelques éléments relatifs au pilotage auto-organisé d'un système logistique, avec la position suivante : une telle approche, fondée sur une aide multicritère à la décision, locale et temps réel, favorise la réactivité, et une haute qualité de service prenant en compte le développement durable.

L'utilisation de l'analyse multicritère lors du processus de sélection des PSL a permis de mettre en évidence les critères existants dans la littérature académique, et de pouvoir les utiliser conjointement dans la recherche de la meilleure solution possible. Force est de reconnaître que ceci peut intégrer ou non la prise en compte du développement durable. La présente note de recherche a pour vertu de souligner comment le modèle de la chaîne de valeur de Porter (1985) peut finalement être étendu et revisité dans une perspective de développement durable, en s'inscrivant d'ailleurs dans la manière de voir de l'auteur lui-même (Porter, van der Linde, 1995a, 1995b). L'analyse met ainsi en évidence une liste de dix critères majoritairement utilisés pour la sélection de PSL. Elle constitue la base d'une future exploration visant à évaluer l'impact des dimensions relatives à la durabilité au cours du processus de sélection des PSL.

La proposition de pilotage auto-organisé formulée dans la note de recherche consiste à déterminer des transports de produits écologiquement efficaces, de manière générique et en temps réel, depuis le *premier* kilomètre jusqu'au *dernier* kilomètre. L'exploitation de l'approche suggérée en référence à l'Internet Physique et à l'Internet des Objets aura incontestablement des implications importantes sur l'évolution des différents types de logistique (urbaine, régionale, internationale), à la fois en termes d'homogénéisation et de standardisation des processus. Incontestablement, les avancées actuelles en la matière n'en sont qu'à leurs prémices, et elles ouvrent des perspectives fécondes de recherche pour les prochaines années, en associant étroitement les champs des Sciences de Gestion et des Sciences de l'Ingénieur, dont le cloisonnement reste mortifère. Les grilles de lecture croisées devraient donner lieu à de nouvelles manières d'envisager le fonctionnement des chaînes logistiques intégrant les enjeux environnementaux contemporains, et ainsi mieux faire face à des menaces graves, y compris de survie de l'espèce, auxquelles nos Sociétés, et plus largement la Planète, sont confrontées.

D'ores et déjà, le travail exploratoire conduit permet de proposer aux managers une solution de pilotage exploitable en mode nominal, mais également en mode perturbé. Par ailleurs, la prise de décision s'en trouve améliorée puisqu'elle se fonde sur l'état réel des acteurs. De ce point de vue, elle constitue le point de départ d'une exploration des critères et indicateurs identifiés pour évaluer l'impact des dimensions relatives à la durabilité au cours du processus de sélection des PSL. Cette solution de pilotage aura tout avantage à être testée à la suite de la situation, inédite dans l'Histoire, que le monde a vécu avec le déclenchement de la crise du coronavirus. En effet, il est fort probable que la pandémie de Covid-19 ait une influence profonde et durable sur les modes futurs de pilotage des chaînes logistiques : force est de reconnaître que la crise du coronavirus a généré de multiples interrogations de la part des entreprises quant à la pertinence et à la légitimité de leur organisation productive.

Les différents acteurs des *chaînes logistiques globales* peuvent-ils faire l'économie d'une analyse critique des dysfonctionnements induits en matière de mondialisation et de durabilité ? C'est peu probable. Certes, depuis quelques années, une prise de conscience progressive commençait à donner lieu à des actes plus ou moins symboliques pour promouvoir une « logistique verte », mais la pandémie de Covid-19 a provoqué une vraie accélération de l'urgence d'agir, et surtout d'agir très vite. Un nouveau coronavirus a fait trembler violemment les économies mondiales, en mettant en évidence le fait qu'il était extrêmement dangereux de se concentrer sur quelques fournisseurs localisés dans des pays *low cost*, et qui rendent par exemple l'approvisionnement en médicaments et en masques de protection très aléatoire pour l'Europe. En bref, la résilience des chaînes logistiques ne peut se déployer qu'au prix d'une moindre dépendance à des sources uniques : telle est l'une des principales leçons à retenir.

Mais le nouveau coronavirus a aussi, et surtout, mis en évidence une autre manière de penser la structuration des chaînes logistiques, qui ont su tirer bénéfice pendant des décennies de l'effondrement des coûts de transport, notamment maritime. Malgré une abondante littérature sur le sujet (Sarathy, 2006 ; Colicchia *et al.*, 2010 ; Ma *et al.*, 2014 ; Alvarado-Vargas, Kelley, 2019), les observateurs, mais aussi les acteurs des chaînes logistiques globales, avaient eu tendance à oublier les vulnérabilités liées à la distance géographique. Les années futures marqueront peut-être le retour en force des chaînes logistiques de proximité, ancrées dans un espace certes plus confiné, mais dont la vertu serait de réduire les vulnérabilités tout en promouvant des schémas durables de circulation des produits. Ceci ne ferait-il point écho au grand défi à relever dans le cadre du concept de l'Internet Physique, à savoir rendre l'organisation des chaînes logistiques au sens large, et des chaînes de transport en particulier, plus efficiente et plus durable ? Il faut espérer que nous sachions tirer les bonnes conclusions d'une crise sanitaire majeure ayant profondément déstabilisé les économies, et qui pourrait être finalement une chance unique d'accélérer des mutations qui s'imposent dans un contexte de changement climatique.

La recherche académique aura sans doute un rôle majeur à jouer dans les prochaines années pour proposer des réflexions alternatives. Les travaux du « monde d'avant », examinés dans l'article, soulignent la place centrale occupée par les questions financières, incluant celles liées à la seule performance économique, dans le processus de sélection des PSL. Sans doute faut-il voir ici le reflet logique d'un miroir nommé mondialisation, ou plutôt le reflet de chaînes globales de valeur qui cherchent à capter, partout où elles se trouvent, des ressources au coût le plus bas, en niant les impacts environnementaux induits. D'autres perspectives doivent sans doute être ouvertes dans des travaux de nature plus « hétérodoxe », sachant qu'il est bien trop tôt pour savoir si les décideurs en entreprise, sonnés par la brutalité de la pandémie de Covid-19, comme un boxeur est sonné par les coups à répétition de son adversaire, opteront pour des schémas disruptifs fondés sur la coopération et la mise en place de réseaux partenariaux. Sans conteste, le nouveau coronavirus a constitué en 2020 un puissant révélateur de la fragilité du système logistique mondial (Fulconis, Paché, 2020), mais rien ne permet d'affirmer que le coup de semonce soit vraiment entendu par les milieux d'affaires. Le sera-t-il par les chercheurs ?

BIBLIOGRAPHIE

ABBASI, M., NILSSON, F. (2016), Developing environmentally sustainable logistics: Exploring themes and challenges from a logistics service providers' perspective, *Transportation Research Part D: Transport & Environment*, 46, 273-283.

AGUEZZOUL, A. (2013), Overview on 3PL selection problem, in Khosrow-Pour, M. (Ed.), *Supply chain management: Concepts, methodologies, tools, and applications*, Hershey (PA), IGI Global, 259-273.

ALVARADO-VARGAS, M., KELLEY, K. (2019), Bullwhip severity in conditions of uncertainty: Regional vs global supply chain strategies, *International Journal of Emerging Markets*, 15(1), 131-148.

ATLAN, H. (2011), *Le vivant post-génomique, ou qu'est-ce que l'auto-organisation ?*, Odile Jacob, Paris.

BALLOT, E., MONTREUIL, B. (2014), *L'Internet Physique : Le réseau des réseaux des prestations logistiques*, La Documentation Française, Paris.

CALLON, M., LATOUR, B. (1991), Réseaux technico-économiques et irréversibilités, in Boyer, R., Chavanche, B., Godard, O. (eds), *Les figures de l'irréversibilité en économie*, Éditions de l'EHESS, Paris, 195-230.

CENTOBELLI, P., CERCHIONE, R., ESPOSITO, E. (2017), Environmental sustainability in the service industry of transportation and logistics service providers: Systematic literature review and research directions, *Transportation Research Part D: Transport & Environment*, 53, 454-470.

COLICCHIA, C., DALLARI, F., MELACINI, M. (2010), Increasing supply chain resilience in a global sourcing context, *Production Planning & Control*, 21(7), 680-694.

DAVID, A., DAMART, S. (2011), Bernard Roy et l'aide multicritère à la décision, *Revue Française de Gestion*, 214, 15-28.

DUBROMELLE, Y., LOUATI, L., OUNNAR, F., PUJO, P. (2010), AHP/ANP a decision making service in PROSIS model, *IFAC Proceedings Volumes*, 43(4), 138-143.

EVANGELISTA, P. (2014), Environmental sustainability practices in the transport and logistics service industry: An exploratory case study investigation, *Research in Transportation Business & Management*, 12, 63-72.

EVANGELISTA, P., SANTORO, L., THOMAS, A. (2018), Environmental sustainability in third-party logistics service providers: A systematic literature review from 2000-2016, *Sustainability*, 10(5), 1-34.

FULCONIS, F., PACHÉ, G. (2011), Entre innovation et optimisation : La décision en logistique à la croisée des chemins, *Management & Avenir*, 48, 158-178.

FULCONIS, F., PACHÉ, G. (2020), Coronavirus : un révélateur de la fragilité du système logistique mondial, *The Conversation*, 2 mars, disponible sur le site https://theconversation.com/coronavirus-un-revelateur-de-la-fragilite-du-systeme-logistique-mondial-132780

GEREFFI, G., KAPLINSKY, R. (2001), Introduction: Globalisation, value chains and development, *IDS Bulletin*, 32(3), 1-8.
HERMANN, M., PENTEK, T., OTTO, B. (2016), Design principles for industry 4.0 scenarios: A literature review, *Proceedings of the 49th Hawaii International Conference on System Sciences*, Koloa (HI), 3928-3937.
KADRI, M. (2009), Le développement durable, l'entreprise et la certification ISO 14001, *Marché et Organisations*, 8, 201-215.
KAGERMANN, H., WAHLSTER, W., HELBIG, J. (2013), *Recommendations for implementing the strategic initiative Industry 4.0*, National Academy of Science & Engineering, Munich.
LAPERCHE, B., MERLIN-BROGNIART, C. (2016), Écologie industrielle et développement territorial durable : le rôle des services, *Marché et Organisations*, 25, 87-118.
LEE, E. (2008), Cyber physical systems: Design challenges, *Proceedings of the 11th IEEE International Symposium on Object & Component-Oriented Real-Time Distributed Computing*, Orlando (FL), 363-369.
LIEB, K., LIEB, R. (2010), Environmental sustainability in the third-party logistics (3PL) industry, *International Journal of Physical Distribution & Logistics Management*, 40(7), 524-533.
MA, Y.F., CHEN, L.W., MENG, S.D., YI, C.Q. (2014), A study on the risk control of supply chain under the background of globalization, *Journal of Industrial & Production Engineering*, 31(4), 221-228.
MONTREUIL, B. (2011), Toward a Physical Internet: Meeting the global logistics sustainability grand challenge, *Logistics Research*, 3(2-3), 71-87.
NOYER, J.-M. (2017), L'Internet des Objets, l'Internet of "Everything" : quelques remarques sur l'intensification du plissement numérique du monde, *Internet des Objets*, 1(1), 1-10.
OUNNAR, F., PUJO, P. (2018), Une formulation multicritère pour le choix de prestataires de services logistiques dans un réseau partenarial auto-organisé, *Logistique & Management*, 26(4), 289-301.
OUNNAR, F., PUJO, P. (2019), Pilotage auto-organisé de l'Internet Physique *via* des systèmes logistiques cyber-physiques : cas du transport Chine-France, *Logistique & Management*, 27(4), 255-263.
PAN, S., BALLOT, É., HUANG, G.Q., MONTREUIL, B. (2017), Physical Internet and interconnected logistics services: Research and applications, *International Journal of Production Research*, 55(1), 2603-2609.
PORTER, M. (1985), *Competitive advantage: Creating and sustaining superior performance*, New York (NY), The Free Press.
PORTER, M., VAN DER LINDE, C. (1995a), Toward a new conception of the environment-competitiveness relationship, *Journal of Economic Perspectives*, 9(4), 97-118.
PORTER, M., VAN DER LINDE, C. (1995b), Green and competitive: Ending the stalemate, *Harvard Business Review*, 73(5), 120-134.

PUJO, P., OUNNAR, F. (2018), Cyber-physical logistics system for Physical Internet, in Borangiu, T., Trentesaux, D., Thomas, A., Cardin, O. (eds), *Service orientation in holonic and multi-agent manufacturing*, Cham, Springer, 303-316.
PUJO, P., OUNNAR, F., POWER, D., KHADER, S. (2016), Wireless holon network for job shop isoarchic control, *Computers in Industry*, 83, 12-27.
REIX, R. (1979), *La flexibilité de l'entreprise*, Cujas, Paris.
ROY, B. (1985), *Méthodologie multicritère d'aide à la décision*, Economica, Paris.
SAATY, T. (1980), *The analytic hierarchy process: Planning, priority setting, resource allocation*, McGraw-Hill, New York.
SALEH, I. (2018), Internet des Objets (IdO) : Concepts, enjeux, défis et perspectives, *Internet des Objets*, 2(1), 1-19.
SARATHY, R. (2006), Security and the global supply chain, *Transportation Journal*, 45(4), 28-51.
SENKEL, M.P., 2009, La divulgation d'informations "RSE" par les prestataires de services logistiques européens : Une analyse comparative du site Internet et du rapport d'activité, *Marché et Organisations*, 8, 173-200.
STERNBERG, H., NORRMAN, A. (2017), The Physical Internet–Review, analysis and future research agenda, *International Journal of Physical Distribution & Logistics Management*, 47(8), 736-762.
TAO, F., ZHANG, M., CHENG, J. (2017), Digital twin workshop: a new paradigm for future workshop, *Computer Integrated Manufacturing Systems*, 23(1), 1-9.
VERDOUW, C., WOLFERT, J., BEULENS, A., RIALLAND, A. (2016), Virtualization of food supply chains with the Internet of Things, *Journal of Food Engineering*, 176, 128-136.
WANG, X., PERSSON, G., HUEMER, L. (2016), Logistics service providers and value creation through collaboration: A case study, *Long Range Planning*, 49(1), 117-128.
WINKELHAUS, S., GROSSE, E. (2020), Logistics 4.0: A systematic review towards a new logistics system, *International Journal of Production Research*, 58(1), 18-43.
WOLF, C., SEURING, S. (2010), Environmental impacts as buying criteria for third party logistical services, *International Journal of Physical Distribution & Logistics Management*, 40(1-2), 84-102.

SMART CITY : PRODUIT MARKETING, DYSTOPIE OU OUTIL DE DÉCARBONATION ?

Jean COLDEFY
Ingénieur de l'école centrale de Lille[1]
c3i@sfr.fr

RÉSUMÉ

Ce papier revient sur les logiques contradictoires entre l'optimisation d'activités individuelles et la préservation des biens communs que met en évidence le développement d'outils numériques. Il s'interroge sur la définition et la finalité de la ville, au travers des questions de mobilité urbaine.

Mots-clés : *smart city*, outils numériques, optimisation, marketing.

ABSTRACT

Smart City: Marketing Product, Dystopia Ordecarbonization Tool?

This article examines the possible conflicts between "optimization" of individual activities, through development of digital equipment, and conservation of global public goods. Broadly it raises some issues on cities design and objectives, through urban mobility analysis.

---

[1] *Ingénieur de l'école centrale de Lille, Jean Coldefy est expert des questions de mobilité, directeur du programme mobilité 3.0 d'ATEC ITS France et conseiller du président de Transdev. Il a été adjoint jusqu'en août 2016 du service mobilité urbaine de la Métropole de Lyon, en charge notamment des programmes de mobilité intelligente à la Métropole de Lyon, après avoir été responsable d'activité sur les systèmes et infrastructures de transport et sur l'innovation dans une société de conseil.*
Sur Lyon, il a développé et déployé les stratégies sur l'information voyageur, le MaaS, le péage urbain, le covoiturage, l'autopartage, le véhicule électrique, le plan modes actifs, la régulation de trafic.
Il a animé le groupe d'experts sur les ITS urbains à la Commission Européenne en 2014 et a piloté l'atelier MaaS des assises de la mobilité. Il est intervenu dans les ateliers mobilité connectée, mobilité intermodale, mobilité soutenable et mobilité solidaire.
Il a été élu local pendant une douzaine d'années dans le périurbain lyonnais.

Keywords : smart city, digital tools, optimization, marketing.
JEL Codes: R12, M3, L86

Après avoir fait dans les années 2010 la une des journaux et être l'objet de nombreux prix, la *smart city* aurait-elle aujourd'hui fait long feu ? Cette promesse d'une ville pilotée par la technologie, concept proposé à l'origine par IBM et Cisco, n'est jamais vraiment devenue une réalité et les deux principaux protagonistes ont semble-t-il jeté l'éponge. Dès l'origine, des voix s'étaient émues en France d'une privatisation de la ville (*cf.* par exemple l'article de la revue Esprit de mars 2011, d'Isabelle Baraud Serfaty). D'autres s'élevaient contre une déshumanisation possible de l'urbain par la technologie. De fait, les débats sur les possibles acceptions de ce que pourrait être une *smart city* ont montré rapidement les ambiguïtés du terme.

La *smart city* des grands groupes américains était une prolongation de leur propre logique d'organisation : un poste central de commande et de *reporting*, alors que le propre d'une économie de marché et d'une ville est justement de reposer sur des millions de décisions décentralisées, ce qui rend le système plus résilient d'ailleurs. Cette promesse d'une ville pilotable est certainement séduisante pour des politiques mais irréaliste et orthogonale avec ce qui fait une ville. Sans doute le goût français pour la centralisation des pouvoirs a-t-il été propice à cette vision qui n'a pas résisté longtemps à la réalité.

Une ville optimisée par l'instrumentation de ses fonctions servicielles publiques : mobilité, gestion des déchets, gestion de l'eau, … c'est sans doute dans cette acception que les progrès les plus importants ont pu être constatés. La promesse n'a cependant pu être totalement tenue par méconnaissance de l'organisation des villes et les impacts financiers et organisationnels de ces technologies, mal pris en compte, et en décalage avec les ressources mobilisables. Par ailleurs, le numérique s'adressant à l'individu, il peut avoir des logiques contradictoires entre l'optimisation d'activités individuelles et la préservation des biens communs. L'exemple le plus typique est celui de Waze, qui envoie le trafic routier dans des zones où il n'a rien à y faire, pour faire gagner du temps aux individus (la ressource rare par excellence) dans une quête de vitesse que rien ne devrait réfréner (?). Entre service à l'individu et préservation des biens communs, le numérique choisira toujours le premier, parfois au détriment du second. L'intérêt général n'est pas la somme d'intérêts individuels, le numérique l'illustre parfaitement.

Une ville plus accessible et participative par le déploiement d'objets connectés : l'idée était de coconstruire la ville par le déploiement d'applications permettant de signaler telle ou telle difficulté, d'accéder à des informations via des tags disposés dans la ville. Cette vision d'une ville société de services pose de réelles difficultés dans sa conception du rapport que devrait entretenir les habitants avec leur cadre de vie et la collectivité au sens large. Entre consommateurs de la ville et citoyens acteurs, où placer le curseur ? Enfin, le numérique est-il l'outil le plus adapté pour une ville plus participative ? On peut en douter au vu des retours d'expérience.

Aujourd'hui les termes à la mode ne sont plus *smart city* ou objets connectés, mais *data*, *big data*, *blockchain*, IA. Nous restons dans le même champ lexical et les mêmes catégories de pensée. Le contexte a cependant radicalement changé en 10 ans : le réchauffement climatique, la défaillance majeure de l'économie de marché, sont une exigence de long terme qui s'impose à nous. Nous avons l'impératif de décarboner nos modes de vie dans les deux à trois décennies qui viennent. Au-delà du marketing, la *smart city* et ses avatars, le numérique pour faire simple (en mettant de côté les gadgets), peuvent-il participer à l'écologisation de nos économies – pour reprendre l'expression d'Hubert Védrine – et donc des villes qui constituent le cœur de l'économie mondiale ?

Il convient à ce stade de la réflexion de revenir sur ce qu'est une ville. Fondamentalement, une ville, c'est le lieu où des inconnus vivent ensemble, à la différence des villages. C'est le lieu de la rencontre et donc des opportunités, de la sérendipité. Montesquieu écrivait d'ailleurs que « *Les voyageurs cherchent toujours les grandes villes, qui sont une espèce de patrie commune à tous les étrangers* ». Dans une économie de l'innovation, les villes sont au cœur de l'économie : elles sont le lieu où se concentrent les grandes entreprises, les petites et moyennes entreprises (PME), les universités, les collectivités locales dans une logique de réseau débordant largement de la simple limite physique de la ville, avec des *hinterlands* étendus. C'est ce magma interactif qui produit les innovations, suscite la créativité, dans un mouvement brownien. Il peut paraître paradoxal, dans cette compréhension de la ville, de croire que son informatisation permettra d'accroître son potentiel d'innovation et d'améliorer la qualité de la rencontre. Ce n'est pas en réduisant la ville à des processus que l'on informatise qu'on favorise l'innovation, la rencontre, la créativité. La ville intelligente, traduction française de la *smart city*, repose en fait sur un faux-sens : le terme intelligence en anglais signifie information (*cf.* l'acronyme CIA) et a été repris tel quel en français. Profitons de cette erreur, pour justement rebondir et espérer une ville plus intelligente, c'est-à-dire qui fasse sens pour les citoyens, où la technologie soit au service de buts communs, et non une ville qui soit au service de la technologie. Quels pourraient être ces buts communs ? A l'évidence la diminution des émissions de CO2 qui doivent, selon le Groupe d'experts intergouvernemental sur l'évolution du climat (GIEC), baisser de 40 % d'ici 2030 si l'on veut contenir le réchauffement climatique à +1,2 ° par rapport au début du 20ème siècle. Mais il y a d'autres enjeux collectifs. La ville, selon les urbanistes, outre le lieu des interactions sociales, c'est également des flux (donc la mobilité) et des formes urbaines. La *smart city* peut-elle contribuer à améliorer la mobilité, les espaces, le vivre-ensemble ? A l'heure de la rareté des fonds publics, de la bataille pour l'espace public (pour la mobilité, pour l'immobilier), de la nécessité de ne plus gaspiller et de tout recycler, les outils de la *smart city* permettent-ils de répondre à ces enjeux ?

Au final, la question n'est pas celle de la *smart city*, mais de la finalité qu'on souhaite lui donner. Les outils numériques ne sont que des outils. C'est aux politiques de donner le sens qu'ils doivent trouver dans un cadre de politiques publiques : une ville plus sûre, des ressources publiques optimisées, une ville fluide, etc., les options possibles sont nombreuses et diverses. Une *smart city*, pour quoi faire ? Quel bien commun cela contribue-t-il à accroître ? Quels équilibres entre la gestion des ressources individuelles (notamment le temps) et publiques (CO_2, espaces publics, fonds publics, qualité de l'air) ? Quel équilibre entre vitesse et lenteur ? Telles sont les questions que devraient traiter la ville intelligente. La question est donc celle de la méthode pour y parvenir.

Dans le domaine de la mobilité, il est clair que les outils de la ville intelligente peuvent contribuer à décarboner les mobilités, si l'on prend en compte les objectifs des différents acteurs et qu'on les hiérarchise selon les espaces et les temporalités : optimisation du temps pour les individus, accessibilité pour les politiques publiques, pérennité des modèles économiques pour les opérateurs de mobilité. La mobilité intelligente sera ainsi celle qui articule enjeux publics et individuels avec des financements soutenables.

Figure 1. Les acteurs de la mobilité et leurs objectifs

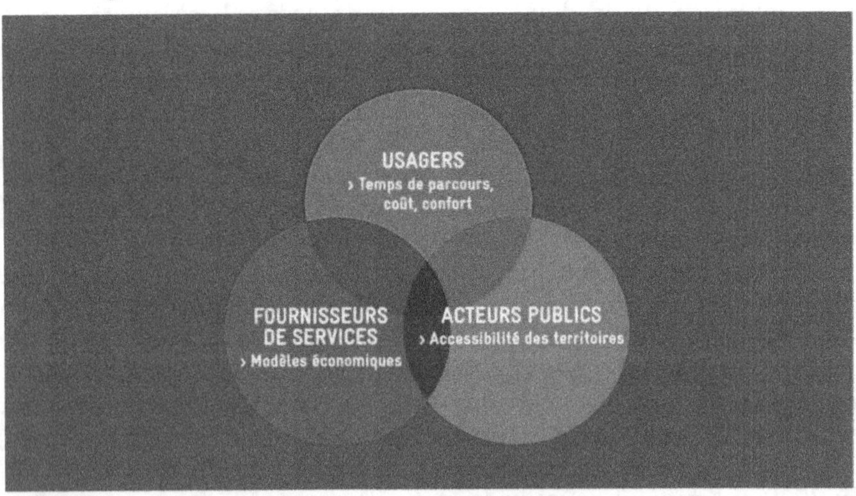

Le numérique permet aujourd'hui d'assurer une multitude de fonctions dans la mobilité urbaine avec des gains sociétaux notables : optimisation des vitesses commerciales des réseaux de TC (priorité tramways et bus) et donc amélioration du service client et économie des fonds publics, optimisation des espaces publics de voiries (gestion des carrefours à feux) qui permet une allocation à d'autres usages que la voiture, information voyageur de qualité, billettique et paiement des services de mobilité, péages routiers, …etc. Au-delà de ces applications connues, les données mobilité numérisées publiques et privées se font de plus en plus nombreuses. La puissance de calcul et les capacités de stockage ont explosé, permettant des traitements en temps réel mais aussi différés, en utilisant les données historisées. Alors que nous connaissons mal la demande de mobilité, qui est pour 80 % sur des modes individuels, il y a là un potentiel de progrès très important avec des outils permettant de mesurer, comprendre, pour mieux agir, évaluer de manière efficace et efficiente.

Par ailleurs, des services à la frontière entre le public et le privé émergent. Avec tous les services de mobilité partagée (Vélos en Libre Service, covoiturage, autopartage), le secteur privé dans le monde urbain a besoin de coopérer avec le public, ne serait-ce que pour accéder à l'espace public. La rareté de cet espace oblige à une gestion fine et partagée par les AOM (Autorités Organisatrices de la Mobilité) pour une gestion de ce bien commun, et donc des préconisations voire des exigences vis-à-vis des acteurs privés de la mobilité.

Pour tenir compte de cette nouvelle donne technologique mais aussi entrepreneuriale, la loi d'orientation des mobilités (LOM) comporte deux articles (28 et 32) qui illustrent le propos. L'article 28 oblige les opérateurs de mobilités, privés comme publics, mais disons-le surtout publics (AOMs), à ouvrir les canaux de vente de leurs services pour permettre à des tiers de développer des services de mobilité intégrée (appelés MaaS), permettant d'offrir une mobilité sans couture aux voyageurs. L'article 32 oblige acteurs privés des véhicules connectés (les constructeurs automobiles) et des navigateurs (Google, Waze, TomTom, …) à fournir aux AOMs les données historiques de mobilité à des fins de connaissance de la mobilité. Ces deux articles de la LOM reposent sur une logique d'ouverture des acteurs et de sortie des rentes de situations sur la donnée pour porter l'effort sur les traitements : partage des données publiques et privées, et élargissement à tous les acteurs pour éviter que le public ne cannibalise des marchés qui peuvent trouver leur modèle économique et profiter des capacités d'innovation du secteur privé. Il est ainsi évident qu'une mise en commun des données publiques et privées est plus créatrice de valeur que des bases de données partielles. Les outils de la *smart city* interrogent ainsi le rôle du public et du privé et de leur complémentarité. La clef réside donc dans les dispositifs de coopération qui seront mis en place. Si comme évoqué plus haut, on considère que la mobilité intelligente sera celle qui combine l'intérêt du voyageur mais aussi l'intérêt commun, dans cette logique la réutilisation des données publiques devrait être conditionnée à des motifs d'intérêt général, dans la mesure où cette réutilisation peut mettre à mal des biens communs, l'espace public en particulier. Dans le domaine de la mobilité, cela se traduit, par exemple, par l'intégration par les applications privées utilisant des données publiques, des contraintes d'usage de l'espace public comme le respect de la hiérarchie des voies, la tranquillité de certaines zones, et évidemment le respect du code de la route (qui interdit d'informer sur la position exacte des forces de l'ordre, ce que des applications bien connues ne font pas, sans que les pouvoirs publics français ne s'en émeuvent, au contraire de ce qui se passe chez nos voisins suisses). Dans l'autre sens, l'accès à des données privées par les acteurs publics, comme le propose l'article 32 de la LOM et qui devrait être repris dans le droit communautaire, est aussi une réforme urgente à déployer : l'articulation du public et du privé, avec des règles communes et un principe d'ouverture des données sont donc les points clés de la ville intelligente. C'est dans cette logique que la métropole de Lyon a mis en place un dispositif de licence de mise à disposition des données assurant la compatibilité de la réutilisation des données publiques avec les politiques publiques. Ce dispositif a permis de déployer le *set* de données publiques ouvertes le plus complet d'Europe et le plus réutilisé en France parce qu'il a tout simplement bâti une confiance entre fournisseurs de données et ré-utilisateurs. Il serait grand temps que l'Etat mette à niveau sa politique sur le sujet : la politique *open data* à tout crin a été et est toujours l'idiot utile des géants du numérique. Il nous faut un minimum de régulation. Comme l'a dit très justement récemment le directeur de l'ARCEP, « *Réguler c'est donner du pouvoir à la multitude, c'est dissoudre le pouvoir là où il est concentré au profit de la multitude* ».

Si le rêve de la *smart city* est passé, c'est sans doute celui d'une *smart city* inadaptée aux réalités urbaines. A l'heure des enjeux colossaux du réchauffement climatique, le numérique doit sortir des gadgets numériques connectés et apporter sa contribution à des villes moins carbonées, plus économes et efficientes. La question de la ville vraiment intelligente est d'abord celle de la prise en main par le politique de ces outils afin de les inscrire dans des politiques publiques et leur donner du sens. C'est ensuite les dispositifs de coopération à mettre en place entre acteurs publics et privés pour optimiser la gestion des biens communs qui assureront le succès. Ceci passera inévitablement par des régulations et un rééquilibrage dans l'accès aux données, le public ne pouvant seul être obligé à ouvrir ses données sans réciprocité à des grands acteurs qui disposent à l'évidence de données d'intérêt général. Ce scénario coopératif est celui où les villes tirent parti du numérique en définissant des objectifs clairs d'intérêt général et en organisant la coopération avec les acteurs privés sur la base d'un *deal* clair : accès et partage des données, dans un cadre sécurisé et respectueux des biens communs, en laissant le jeu ouvert sur le développement de nouveaux services, avec des modèles économiques soutenables. La *smart city* pourrait ainsi devenir une utopie réaliste et non une dystopie d'une somme d'individus optimisant leur temps au détriment des biens communs, c'est-à-dire des biens nécessaires pour tous et dont la surexploitation est dommageable à la communauté dans son ensemble.

VARIA

PILOTAGE DES PROCESSUS D'INNOVATION ENTRE CONTRÔLE ET CRÉATIVITÉ : ÉTUDE EXPLORATOIRE DES OUTILS ET PRATIQUES

Sophie BOLLINGER
Maître de Conférences
Université de Strasbourg, Université de Lorraine,
CNRS, BETA, 67000, Strasbourg, France
sophie.bollinger@unistra.fr

Christian MARTINEZ-DIAZ
Membre associé BETA
Business Leader – Everis
Université de Strasbourg, Université de Lorraine,
CNRS, BETA, 67000, Strasbourg, France
christian.martinezdiaz@gmail.com

RÉSUMÉ

Face à un débat dans la littérature sur le couple contrôle/créativité, nous nous intéressons plus spécifiquement à l'utilisation ou non d'outils et de pratiques de contrôle de gestion pour piloter les activités créatives au sein des processus d'innovation. Avec une étude quantitative menée auprès de 169 entreprises françaises, nous avons souhaité explorer les outils de contrôle de gestion formels et les pratiques de gestion informelles qui sont utilisés par ces organisations dans le cadre des processus d'innovation. Il en ressort que les organisations ont besoin d'outils de contrôle de gestion formels, mais aussi de pratiques informelles. Si ces outils et pratiques sont différents, au fur et à mesure de l'avancée du processus d'innovation, ils sont semblables en fonction des organisations et du type d'innovation.

Mots-clés : processus d'innovation, créativité, contrôle de gestion, contrôle formel, pratiques informelles.

ABSTRACT
Management of Innovation Processes Between Control and Creativity: An Exploratory Study of Tools and Practices

Confronted with a debate in the literature on the control/creativity relation, we are more specifically interested in whether or not management control tools and practices are used to manage creative activities within the innovation process. A quantitative study conducted among 169 French firms explored the formal management control tools and informal management practices used by these organizations in innovation processes. The results show that organizations need formal tools but also informal practices. While the tools and practices differ as the innovation process progresses, they are similar across organizations and types of innovation.

Keywords: innovation process, creativity, management control, formal control, informal practices.
JEL Codes: M10, M4, O32, O39

INTRODUCTION

Dans le contexte économique actuel, l'innovation prend une importance significative dans la stratégie des entreprises et dans de nombreux cas, elle permet de renforcer sa compétitivité, ses parts de marché et/ou son évolution[1]. Le processus d'innovation représente alors une démarche stimulante car il pousse les entreprises à se dépasser et à lancer de nouveaux produits ou services le plus rapidement possible (Chanal, Mothe, 2005 ; Meyssonnier, 2015). Au cœur de la stratégie des entreprises, les intrapreneurs, les responsables de projets et/ou les directeurs financiers s'interrogent sur le pilotage des activités créatives et du développement des innovations. Plus particulièrement, ils se questionnent sur la façon de gérer l'efficience au sein de leur processus d'innovation, sur le pilotage des différentes étapes de ce processus, sur l'équilibre à adopter entre le contrôle et la créativité, ou encore sur les indicateurs et processus spécifiques qu'il serait intéressant de mettre en

---

[1] PwC et Strategy& ont publié « Etude 2018 Global Innovation 1000 » qui met en évidence que les entreprises qui tirent le plus grand bénéfice de leur innovation affichent une croissance de leur chiffre d'affaires 2,6 fois supérieure à celle des autres entreprises du classement et une progression de leur capitalisation boursière 2,9 fois plus élevée. Elles ont par ailleurs enregistré des performances au moins deux fois supérieures à celles des autres pour l'intégralité des indicateurs étudiés.

place. L'enjeu pour ces acteurs est de ne pas inhiber toute tentative d'innovation, en utilisant des critères financiers standards (Christensen, 1997), tout en ayant assez d'éléments pour prendre des décisions rationnelles (Royer, 2002). Dans cette étude, pilotage, gestion et contrôle sont considérés comme parlant d'un même objet. Nous retenons la définition de Bouquin (1994) qui définit le contrôle comme les dispositifs et processus qui garantissent la cohérence entre la stratégie et les actions concrètes et quotidiennes.

Le défi est de trouver l'équilibre entre la créativité, nécessaire au développement d'une innovation, et la gestion de son développement, avec l'incertitude qui en découle. Pour obtenir une innovation, la créativité est une condition nécessaire et le management de celle-ci est une étape incontournable pour les organisations (Cohendet, Harvey, Simon, 2013). La créativité et l'innovation sont deux concepts distincts avec des antécédents pouvant être différents (Anderson, Potočnik, Zhou, 2014). La créativité porte sur la génération de nouvelles idées alors que l'innovation porte sur la mise en œuvre d'idées créatives (Anderson, Potočnik, Zhou, 2014 ; Chang, Birckett, 2004). Être créatif et générer de nouvelles idées constituent la première étape pour développer une innovation. Celle-ci est rendue possible grâce à la créativité des collaborateurs et elle est nécessaire tout au long du processus d'innovation. Toutefois, cette créativité et la liberté offerte aux collaborateurs pour pouvoir l'exprimer peuvent venir en contradiction avec les nécessités de contrôle. Créativité et contrôle sont antinomiques par définition et sources de tensions. Cette opposition se retrouve dans la littérature et nous y retrouvons deux courants opposés sur le sujet. Un premier va favoriser l'utilisation d'outils de contrôle de gestion en structurant le processus d'innovation (Adler, Chen, 2011 ; Dangereux, Chapellier, Villesèque-Dubus, 2017 ; Spekle, Van Elten, Widener, 2017). Une seconde tendance alerte sur la mise en place d'outils de contrôle de gestion pour piloter l'innovation (Gilson *et al.*, 2005 ; Jørgensen, Messner, 2009 ; Touchais, 2006).

Face à des divergences et des tensions dans la littérature, et en l'absence de consensus sur le type de contrôle à adopter, nous nous intéressons plus en détail à la question de la gestion des activités créatives présentes tout le long du processus d'innovation. Pour cela, nous adoptons une vision large du concept de contrôle, il s'agit d'outils de contrôle de gestion formels mais aussi de pratiques informelles. Si les outils de contrôle de gestion formels sont des modes de contrôle de nature explicites, les pratiques informelles, plus implicites, peuvent permettre de répondre aux mêmes objectifs à savoir (i) suivre l'avancement d'un projet, (ii) arbitrer sur la continuité d'un projet et (iii) suivre les résultats prévisionnels (Berland, Persiaux, 2008). Toutefois, nous pensons que le degré d'utilisation de chacune de ces pratiques peut varier en fonction de l'avancée dans le processus d'innovation (de la phase d'idéation à la phase de mise sur le marché), du type d'innovation développé (incrémentale, de rutpure ou co-innovation), du secteur d'activité ou encore de la taille de l'entreprise (budget plus ou moins important accordé aux activités de contrôle).

Ainsi, la question de recherche que nous posons ici est : quel type de pilotage pour les activités créatives ? Autrement dit, quels sont les outils de contrôle de gestion et les pratiques informelles qui sont utilisés par les organisations dans le cadre du processus d'innovation ? Pour répondre à cette question, nous avons mené une étude quantitative auprès de 169 entreprises françaises. A partir de l'annuaire de l'association nationale des directeurs financiers et de contrôle de gestion (DFCG), un questionnaire a été diffusé auprès de 1 971 entreprises. Nous avons visé toutes les entreprises développant de nouveaux produits ou de nouveaux services, 169 entreprises nous ont répondu.

L'objectif est de décrire les pratiques de gestion des activités créatives, et plus particulièrement du processus d'innovation, et d'identifier des différences et similitudes en fonction des secteurs d'activité, de la taille de l'entreprise, du type d'innovation et du métier du répondant.

Dans une première partie, nous présenterons le pilotage des processus d'innovation et les deux courants opposés dans la littérature concernant le couple contrôle/créativité. La deuxième partie sera consacrée à la méthodologie de collecte de données par le biais d'un questionnaire mené auprès de 169 entreprises. L'objectif est ici de collecter des données empiriques pour enrichir la littérature sur le pilotage des processus d'innovation avec une meilleure compréhension des outils de contrôle de gestion et des pratiques utilisés par les organisations. La troisième partie s'intéressera ensuite à l'analyse des résultats obtenus. Nous discuterons ces résultats et nous conclurons sur les apports et limites de cette étude ainsi que sur des nouvelles perspectives de recherche.

1. LE PROCESSUS D'INNOVATION ET SON PILOTAGE

Après avoir défini notre vision du processus d'innovation et des outils et pratiques de gestion (1.1.), nous aborderons les tensions entre la gestion et le processus d'innovation avec une partie qui développera l'intérêt du pilotage des processus d'innovation (1.2) puis une autre qui se consacrera sur les limites dudit pilotage (1.3.).

1.1. Le processus d'innovation et les typologies de gestion

Dans cette première partie, nous revenons sur les concepts essentiels de notre recherche : tout d'abord, notre définition du processus d'innovation, puis notre vision large des outils et pratiques de gestion de ce processus.

1.1.1. Le processus d'innovation

L'innovation est de nature polymorphe et revêt plusieurs facettes. Il existe dans la littérature de nombreuses définitions, typologies et représentations de l'innovation. Les définitions varient en fonction du contexte dans lequel elles sont utilisées. La notion d'innovation a été introduite par Schumpeter (1911) qui la définit comme la capacité à élaborer de nouvelles combinaisons entre les ressources de l'entreprise, leur rapport au marché et l'usage qu'en fait la société. Dans cette étude, nous optons pour une vision de l'innovation comme un processus créatif allant de l'idéation à la mise en œuvre d'une solution selon la classification de Barreyre (1980). Navarre (1989) évoque l'innovation lui aussi comme un processus, un projet découpé en quatre étapes que sont l'émergence, la conception, la réalisation et la clôture. Schumpeter (1911) met en avant un modèle de processus d'innovation similaire au modèle de technologie push où l'innovation est poussée par la technologie. Le processus d'innovation peut alors être vu comme un « *ensemble d'activités reliées entre elles par des flux d'information (ou de matière porteuse d'information [...]) significatifs, et qui se combinent pour fournir un produit matériel ou immatériel important et bien défini* » (Lorino, 1995, p. 112). Cette représentation de l'innovation selon un processus a l'avantage de pouvoir être facilement communiquée et compréhensible auprès des praticiens. Ces derniers peuvent y retrouver leurs propres pratiques et s'y projeter. Toutefois, cette représentation linéaire a été réfutée pour des représentations où l'interaction est représentée (Coombs, Saviotti, Walsh, 1987 ; Freeman, Soete, 1997). Pour Tidd *et al.* (2006), les simplifications en tant que modèles linéaires sont plus des cadres de pensée que des modèles descriptifs. Kline et Rosenberg (1986) ont proposé un modèle davantage itératif avec des allers-retours qui peuvent survenir au cours du déroulement du processus. Tidd *et al.* (2006) mettent en avant que comprendre l'innovation en tant que processus détermine la manière dont nous essayons de la gérer. Le choix de représentation de ce processus est donc une première étape essentielle à notre recherche. Afin de concilier une représentation sous forme de processus, facilement communicable et l'intégration des notions d'interaction et d'itération, nous retenons la représentation proposée par Cohendet et Simon (2015), figure 1.

Figure 1. Processus de création et d'innovation

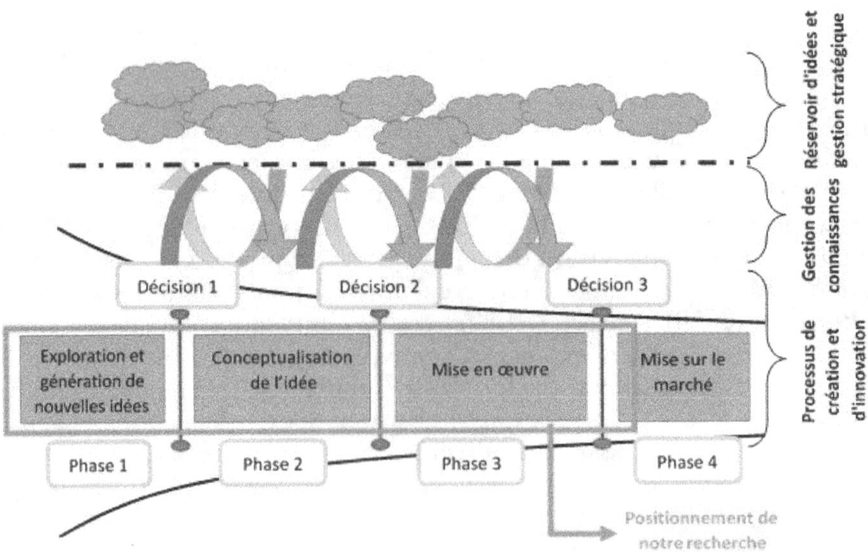

Source : Cohendet et Simon (2015)

Cette représentation du processus d'innovation dépasse un processus linéaire classique puisqu'il prend en compte l'existence d'un processus créatif parallèle qui vient nourrir le développement de l'innovation. Ce processus créatif est représenté dans la partie supérieure de la figure 1, il s'agit du réservoir d'idées. C'est la gestion des connaissances qui assure ensuite les allers-retours entre la créativité et le processus de création et d'innovation. La partie inférieure de la figure 1 représente ce processus de création et d'innovation de façon linéaire, nous y positionnons notre recherche, sans pour autant exclure la gestion des connaissances et l'activité créative pouvant influer le processus d'innovation. Le processus d'innovation représentant une activité à risques pour l'organisation, entre chaque étape de l'innovation, nous retrouvons des points de décisions où il est décidé de poursuivre ou non le processus (Royer, 2002). Ces trois niveaux sont utilisés par Cohendet et Simon (2015) pour distinguer les pratiques de management de l'innovation dans les entreprises. Nous y étudions plus particulièrement les outils et pratiques de gestion qui permettent de piloter le développement d'un nouveau produit ou d'un nouveau service.

1.1.2. Les outils et pratiques de gestion du processus d'innovation

L'innovation est caractérisée par une incertitude forte (Fernez-Walch, Romon, 2013) et une prise de risques par les investissements financiers qu'elle requiert. Si les décisions rationnelles sont difficiles au début du processus d'innovation lorsque l'incertitude et la résistance sont élevées, l'augmentation des coûts et de la fiabilité de l'information nécessitent rapidement une décision rationnelle dans l'objectif de limiter les risques (Royer, 2002). Cela amène les gestionnaires à ressentir le besoin de mener un contrôle de gestion sur l'activité d'innovation conduite par l'organisation et ses acteurs. Le contrôle de gestion se définit par « *le processus par lequel les managers obtiennent l'assurance que les ressources sont obtenues et utilisées de manière efficace et efficiente pour la réalisation des objectifs de l'organisation* » (Anthony, 1965, p.17). Dans notre recherche, nous optons pour une vision du contrôle de gestion élargie qui regroupe toutes les actions formelles ou informelles permettant d'influencer les individus et les groupes, afin de les inciter à réaliser les objectifs de l'organisation, un système regroupant différents outils de contrôle de gestion formels ou pratiques informelles.

Les outils de contrôle de gestion formels sont des modes de contrôle de nature explicite. Ils sont structurés, écrits, explicités et formalisés par des procédures et codés par des règles mises en place en amont. Ils correspondent « *d'une part aux logiques de hiérarchisation fondées sur des découpages fonctionnels et opérationnels, et d'autre part, aux mécanismes de standardisation associés à ces découpages* » (Guibert, Dupuy, 1997, p. 40).

Les pratiques informelles sont des mécanismes implicites et fondés sur la confiance. Ce type de contrôle s'appuie sur une composante sociale. Il peut être décrit comme « *le jeu de relations transverses, évolutives, souvent implicites entre les acteurs ou les composantes de l'organisation, face à l'émergence de problèmes nouveaux ou mal structurés. Contrôler, c'est alors faciliter, de manière informelle, la connaissance et le partage de la cartographie de ces relations, et des potentialités qu'elles présentent, et donc créer les conditions favorables à l'autocontrôle* » (Guibert, Dupuy, 1997, p. 40).

Une notion de planification est également à prendre en compte pour distinguer les outils de contrôle de gestion formels des pratiques informelles. Les premiers sont des outils qu'il est prévu d'utiliser. Ils vont prendre, par exemple, la forme d'un tableau de bord mensuel, d'un suivi trimestriel, de *stage-gate*, etc. Par opposition, les contrôles informels ne se planifient pas, ils peuvent être utilisés quotidiennement de façon consciente ou non par certains acteurs. Ainsi, une discussion autour d'une machine à café peut permettre d'échanger, par exemple, sur l'avancée d'un processus d'innovation et éventuellement engendrer des prises de décisions. Le tableau 1 présente les typologies de pratiques de contrôle de gestion, à savoir cette distinction entre l'utilisation d'outils de contrôle de gestion formels ou de pratiques informelles, les objectifs communs de ces pratiques de contrôle de gestion ainsi que des exemples distincts pour chacune des catégories.

Tableau 2. Typologies de pratiques de contrôle de gestion

TYPOLOGIE DE PRATIQUES DE CONTRÔLE DE GESTION	OBJECTIFS	EXEMPLES
Outils de contrôle de gestion formels	Suivre l'avancement d'un projet Arbitrer sur la continuité d'un projet Suivre les résultats prévisionnels (Berland, Persiaux, 2008)	*Balance scorecard* (Kaplan et Norton, 1992)
		Diagramme Gantt (Gantt, 1913)
		Graphique PERT (Malcolm *et al.*, 1959)
		Suivi de budget
		Reporting
		Jalons
		…
Pratiques informelles		Echanges informels, non planifiés, autour du processus d'innovation en cours, permettant de prendre des décisions.

Nous voyons alors que les systèmes de contrôle de gestion sont composés d'un ensemble de processus comptables et non comptables, de règles et de valeurs, d'outils de contrôle de gestion formels et de pratiques informelles qui permettent de contrôler la bonne liaison entre la planification stratégique et le management opérationnel.

Malmi et Brown (2008) ont introduit la notion de package de contrôle qui regroupe les différents systèmes qui ont pu être mis en place dans les organisations à différents moments et par différents groupes d'acteurs dont les intérêts peuvent parfois diverger. L'ensemble créé n'est alors pas nécessairement cohérent et unifié.

Ce regroupement d'outils de contrôle de gestion formels et de pratiques informelles peut être mis en relation avec la typologie de contrôle proposée par Ouchi (1979) qui distingue le contrôle par les résultats, les comportements et/ou les clans (ou contrôle par la culture). Construite selon les facteurs de contingence du contrôle que sont la capacité à mesurer les résultats et la connaissance du processus, cette typologie nous parait intéressante à rapprocher des typologies de pilotage des processus d'innovation. En effet, l'une des variables d'Ouchi (1979) est la connaissance du processus de production. Ce processus peut être mis en parallèle avec le processus d'innovation caractérisé par une incertitude importante qui décroît au fur et à mesure de l'avancée du processus. La capacité à mesurer les résultats est en relation avec l'avancée du processus d'innovation. Plus le processus progresse, plus le niveau d'incertitude baisse et plus l'organisation est capable de mesurer les résultats prévisionnels de l'innovation.

Figure 2. Typologie de contrôle

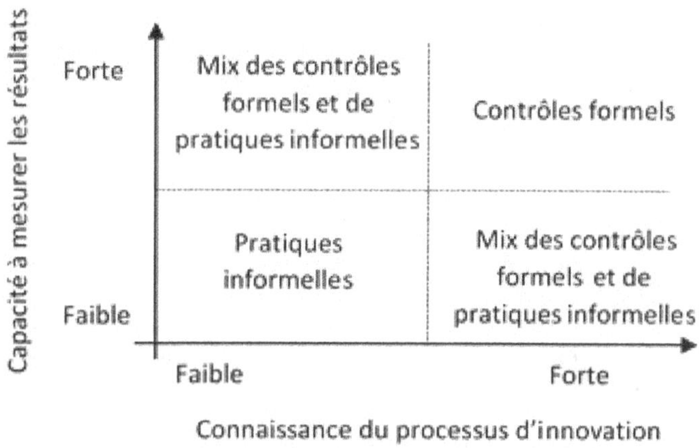

Source : Inspirée des travaux de Ouchi (1979)

La typologie de contrôle inspirée du modèle d'Ouchi (1979) (figure 2) propose de distinguer l'utilisation des outils de contrôle de gestion formels des pratiques informelles. Les pratiques que nous définissons comme informelles sont à rapprocher de la définition du contrôle par les clans ou du contrôle par la culture avancée par Ouchi (1979). Il s'agit d'un système de contrôle qui s'appuie sur une composante sociale importante et fondé sur des valeurs d'appartenance, de confiance et de solidarité. Pour l'auteur, ce système de contrôle représente le pilotage le plus adapté lorsque la performance n'est pas mesurable et que le processus n'est pas connu.

La nécessité d'adapter les modalités de contrôle en fonction, d'une part, de l'avancée du processus d'innovation, et donc de la diminution de l'incertitude, et, d'autre part, l'augmentation de la fiabilité des informations est partagée également par les travaux de Royer (2002). L'auteur met en avant que l'évolution de prises de décisions de type socio-politiques, remplissant une fonction sociale utilisée à la mise en œuvre de la décision vers des décisions rationnelles focalisées sur la rentabilité du projet nécessaire à l'organisation, dépend fortement du processus de développement.

Malgré cette vision élargie des pratiques de contrôle de gestion, le pilotage du processus d'innovation fait débat dans la littérature et c'est ce que nous allons voir dans les deux prochaines sections.

1.2. L'intérêt du pilotage des processus d'innovation

Certains auteurs favorisent la mise en place d'outils de contrôle de gestion dans le cadre du pilotage des processus d'innovation. Ces outils de contrôle de gestion, en soutenant à la fois des objectifs d'efficience et de souplesse (Ahrens, Chapman, 2004), sont des facilitateurs de la cohérence entre la stratégie de l'organisation et les actions concrètes menées sur le terrain (Bouquin, 2008). Les outils de contrôle de gestion sont alors un réel soutien aux innovations (Adler, Chen, 2011 ; Dangereux, Chapellier, Villesèque-Dubus, 2017 ; Spekle, Van Elten, Widener, 2017) pouvant même générer de nouvelles idées (Simons, 1995) et être à la source de changements (Touchais, 2006). Les outils de contrôle de gestion sont ainsi vus comme des moyens de gérer l'incertitude (Davila, 2000 ; Nixon, 1998) mais aussi de coordonner le développement de nouveaux produits (Bonner, 2005). Se basant sur des études de cas, différents auteurs ont démontré l'apport des outils de contrôle de gestion pour piloter l'innovation. Tout d'abord, Abernethy et Brownell (1997) ont mis en évidence que, dans un contexte d'incertitude, les outils de contrôle de gestion formels mis en place sur les personnes aident à améliorer la performance. Ensuite, Ditillo (2004), sur la base de l'étude de trois projets dans une société spécialisée en informatique, a fait ressortir le rôle important des outils de contrôle de gestion dans le développement des innovations. Puis, Davila *et al.* (2009), par le biais d'un questionnaire diffusé auprès de 69 entreprises, ont également conforté l'idée que les outils de contrôle de gestion étaient essentiels pour le processus d'innovation et particulièrement durant la première phase du processus. Enfin, Dangereux *et al.* (2017), dans la même optique, visent à réconcilier contrôle de gestion, créativité et innovation via l'observation de 19 petites et moyennes entreprises (PME) innovantes.

Si ces auteurs nous démontrent l'importance des outils de contrôle de gestion et leur rôle structurant et facilitant du processus d'innovation, nous pouvons noter que le contrôle de gestion ne doit pas se réduire uniquement à une approche instrumentale composée d'un ensemble d'outils et d'objectifs qui permettraient surtout de faire face à des décisions programmables (Arena, Solle, 2012). Cela semble d'autant plus vrai lorsque l'on évoque le pilotage des processus d'innovation. L'enjeu est d'utiliser les bons types de contrôle et les indicateurs pertinents. A titre d'exemple, Davila (2000) a mis en avant que donner des informations sur les coûts et la conception avait un impact positif sur la performance alors qu'au contraire, des informations sur les délais vont entraver la performance car les systèmes formels limitent les innovations. Mais si trouver le bon contrôle et le bon indicateur est important, il faut également l'utiliser au bon moment de l'évolution du processus d'innovation. Touchais (2006) avance qu'en fonction du changement et de la phase du processus d'innovation, la place du contrôle de gestion comme outil de pilotage est différente. Déjà Ouchi (1979), nous proposait d'avoir des outils différents selon la connaissance du processus d'innovation et sa capacité à mesurer les résultats (figure 2). Cela nous amène à réfléchir aux limites du pilotage des processus d'innovation (1.3.).

1.3. Les limites du pilotage des processus d'innovations

Si le besoin de pilotage est naturel et nécessaire pour les dirigeants, les relations entre contrôle de gestion et innovation sont, malgré tout, sources de tensions dans les organisations. En effet, dans la mesure où les innovations ont la spécificité d'être caractérisées par une forte incertitude, certains auteurs reprochent aux outils de contrôle de gestion d'inhiber la créativité nécessaire à l'innovation et de favoriser des routines. Les outils de contrôle de gestion formels sont alors déconseillés dans ce contexte (Gilson *et al.*, 2005 ; Jørgensen, Messner, 2009 ; Touchais, 2006). Ces travaux se basent notamment sur la motivation intrinsèque, essentielle à l'activité créatrice, et qui peut être réduite par l'utilisation d'outils de contrôle de gestion (Amabile, 1998 ; Amabile *et al.*, 1996 ; Gilson *et al.*, 2005 ; Jørgensen, Messner, 2009 ; Zhou, 2003 ; Zhou, George, 2003). Selon Lenfle et Loch (2010), les organisations doivent accepter une part de risque et d'incertitude dans leur pilotage des processus d'innovation. En effet, les systèmes de contrôle vont à l'encontre de la créativité et nuisent aux capacités d'idéation (Alter, 1998). C'est l'effet pervers des outils de contrôle de gestion (Berry, 1983) qui influencent, selon l'auteur, une réduction de la complexité, l'institution d'automatismes dans les décisions, la division de la vigilance, la régulation des rapports sociaux ainsi que le maintien de la cohérence. Les outils de contrôle de gestion induisent des décisions et « *des comportements échappant aux prises des hommes* » (Berry, 1983, p. 4). Lewis *et al.* (2019) confirment cette vision, leur étude montre que les outils de contrôle de gestion induisent des changements organisationnels, et que les organisations s'efforcent de devenir ce qu'elles mesurent. Les outils de contrôle de gestion définissent alors un cadre qui est excessivement rigoureux et qui peut entraver l'innovation (Damanpour, 1991 ; Touchais, 2006). Les outils de contrôle représentent une source d'inertie à l'origine de routines organisationnelles, comportementales et politiques, qui figent le fonctionnement de l'organisation que certains n'ont pas intérêt à voir évoluer (Dent, 1990).

Ces résultats viennent en opposition avec les résultats présentés précédemment et nous pensons que cette contradiction sur l'utilisation des outils de contrôle de gestion mérite d'être étudiée plus longuement. L'opposition se place surtout entre l'activité créatrice du processus d'innovation et les outils de contrôle de gestion et pratiques de cadrage. Mais comme nous avons pu le voir dans la représentation du processus d'innovation de Cohendet et Simon (2015) (figure 1), la créativité va intervenir tout le long du processus d'innovation, de l'exploration jusqu'à la mise sur le marché. Il est donc nécessaire de trouver un équilibre entre la nécessité de contrôle et le besoin de liberté pour être créatif et parvenir à une innovation, un équilibre entre vision, créativité, rigueur, contrôle, ordre, stabilité et nouveau projet caractérisé par l'instabilité (Fernez-Walch, Romon, 2013). Les outils et leurs usages ne sont pas neutres sur le déroulement du processus d'innovation. En effet, selon Touchais (2006), c'est en fonction de l'usage qu'en fait la direction que l'outil va inhiber le changement ou au contraire le soutenir. Il existe, en particulier, un courant de littérature qui tente de réconcilier le contrôle de gestion et le développement des innovations (Berland, Persiaux, 2008 ; Dangereux, Chapellier, Villesèque-Dubus, 2017 ; Spekle, Van Elten, Widener, 2017).

En l'absence de consensus dans la littérature, il est alors pertinent de mener une recherche terrain permettant de décrire les pratiques dans les organisations pour piloter leur processus d'innovation. Nous cherchons également à identifier les différences et les similitudes de gestion en fonction des variables présentées dans la figure 3.

Figure 3. Les variables influant sur le pilotage des processus d'innovation

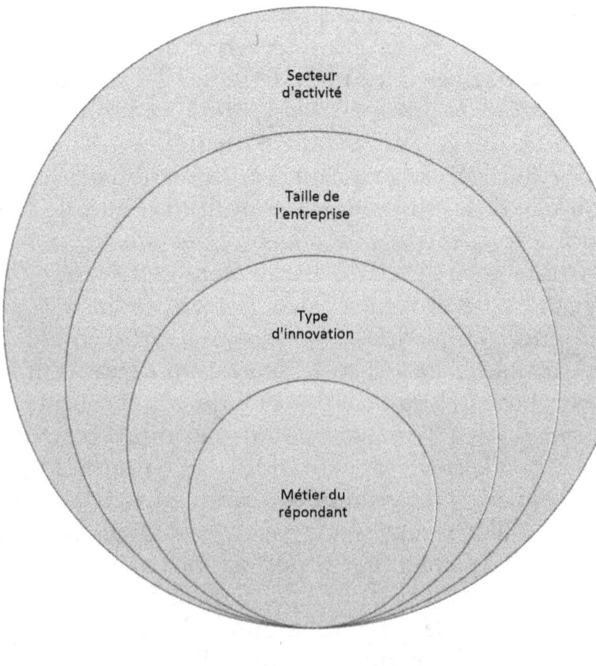

Nous avons relevé, dans la littérature, différentes variables pouvant influencer le pilotage des processus d'innovation :

(i) Les secteurs d'activité : de nombreuses recherches ont montré que les outils et pratiques de gestion différaient selon les secteurs d'activité. Dans un premier temps, nous pensons aux organisations culturelles et artistiques qui ont été largement étudiées dans la littérature (Aubouin, Coblence, Kletz, 2012 ; Chatelain-Ponroy, 1998 ; Chiapello, 1997, 1998). Ce secteur d'activité a longtemps rejeté les outils de contrôle de gestion. En effet, les outils de contrôle de gestion imposent des contraintes que les artistes ont du mal à accepter. L'économie sociale et solidaire est un autre exemple de secteur d'activité où le contrôle de gestion a un statut particulier et où le contrôle vient en opposition avec les valeurs fortes (Raedersdorf, 2015). De la même manière les entreprises de haute technologie vont avoir un contrôle particulier (Berland, Persiaux, 2008)

(ii) La taille de l'entreprise : Meyssonnier et Zadawski (2008) ont étudié le contrôle de gestion dans les PME innovantes, puis Meyssonnier (2015) s'interrogeait sur le type de contrôle de gestion dans les *start-ups*. La taille de l'entreprise a un impact sur le budget qui sera accordé aux activités de contrôle.

(iii) Le type d'innovation : incrémentale, radicale et/ou co-innovation où les niveaux d'incertitude sont différents. Les innovations incrémentales sont des innovations qui vont affecter en permanence l'objet de l'innovation. Ce sont des améliorations de faible ampleur qui permettent aux entreprises de faire évoluer leurs offres en allongeant la vie des produits ou services sans prendre beaucoup de risques. Il n'y a pas de remise en cause de l'existant dans ce type d'innovation. C'est le « *jeu des petites améliorations sur le produit ou le processus* » (Durand, 1992, p. 1), par exemple, l'ajout d'une fonctionnalité à un produit développé récemment ou encore la possibilité d'application dans un autre secteur d'activité. Les innovations radicales impliquent un saut technologique important d'un produit à un autre, une rupture par rapport à l'existant qu'elle rend obsolète. Cela concerne un bouleversement sur le marché qui demande à l'entreprise une prise de risques et aux consommateurs de changer leurs habitudes. Elles changent le jeu concurrentiel en permettant de « *s'affranchir des barrières imposées par les concurrents et d'entretenir ou de créer des avantages concurrentiels sur des marchés sans cesse renouvelés* » (Aktouf *et al.*, 2006, p. 456). Il s'agit par exemple du développement d'un nouveau service inexistant sur le marché français ou encore une nouvelle technologie. Une planification sur une innovation incrémentale sera plus fiable que sur une innovation radicale. Les co-innovations sont des innovations développées avec des partenaires.

(iv) Le métier du répondant : différentes personnes sont amenées à piloter le développement d'innovation et leurs décisions vont avoir un impact sur l'évolution du projet.
- Direction de la recherche et opérationnels directement liés à la recherche
- Direction financière
- Direction générale

2. ÉTUDE EMPIRIQUE

L'objectif de notre recherche est de décrire et d'identifier les outils de contrôle de gestion et les pratiques informelles utilisés au fur et à mesure du processus d'innovation. Nous cherchons également à identifier les différences et les similitudes de gestion en fonction des variables liées à la typologie des organisations, des innovations ou encore le métier du répondant.

2.1. Échantillon et collecte de données

Nous nous sommes intéressés à une large population d'entreprises à partir de l'annuaire de la DFCG[2]. Cette association regroupe plus de 3 000 dirigeants, représentant 1 800 organisations de tout le territoire français. Il s'agit de grandes entreprises, d'entreprises de taille intermédiaires, de petites et moyennes entreprises ou encore de très petites entreprises. Offrant des évènements de proximité, l'association rassemble les membres autour de thématiques d'actualité, de secteurs d'activités ou encore de problématiques communes.

A partir de cet annuaire, nous avons visé toutes les entreprises développant de nouveaux produits ou de nouveaux services. Par le biais d'une diffusion électronique, 1 971 questionnaires ont été envoyés. Nous avons obtenu 169 réponses sur la période s'échelonnant de mai à octobre 2016, soit 8,5 % de taux de retour. Les personnes cibles qui n'ont pas répondu au questionnaire ont été relancées par courrier électronique. La typologie des répondants au questionnaire est présentée dans le tableau 2.

[2] Association Nationale des Directeurs Financiers et de Contrôle de Gestion.

Tableau 2. Typologie des répondants au questionnaire

Secteurs d'activité	Taille de l'entreprise	Type d'innovations	Catégorie de métier du répondant
27 % Industrie manufacturière 14 % Recherche et développement scientifique 13 % Activités spécialisées scientifiques et techniques 11 % Activités de commerce Les secteurs restants sont représentés à moins de 10 % d'entreprises par secteur.	54 % de moins de 250 salariés 45 % de plus de 250 salariés	71 % Innovations incrémentales 25 % Innovations radicales 71 % Co-innovation	32 % Direction de la recherche et opérationnels directement liés à la recherche 34 % Direction financière 26 % Direction générale 4 % Consultants 4% Autres

Source : Exploitation des réponses au questionnaire

La typologie des répondants au questionnaire est représentative de la population étudiée. Nous y retrouvons les axes qui ont été analysés et qui nous semblent déterminants dans les pratiques de contrôle :

(i) Le secteur d'activité

(ii) La taille de l'entreprise

(iii) Le type d'innovation. Afin de déterminer le type d'innovation développé dans l'entreprise, le questionnaire proposait au répondant une définition des différents types d'innovation (incrémentale, radicale et/ou co-innovation). Le répondant était ensuite amené à choisir le type d'innovation qui était majoritairement développé dans son entreprise.

(iv) Le métier du répondant au questionnaire

2.2. Variables mesurées

Le tableau 3 récapitule les différents types de questions proposées dans le questionnaire, les objectifs de celles-ci et les relations possibles.

Tableau 3. Types et objectifs des questions

Objectifs et relations possibles	Types de questions	Questions
Typologie des organisations et de l'innovation : Pouvoir classer les organisations selon le secteur d'activité, l'effectif, le chiffre d'affaires, le type ou le degré d'innovation. Déterminer si certains types d'organisations ont des besoins spécifiques en termes de management des processus d'innovation ou, si au contraire, ils auraient déjà des outils de contrôle de gestion efficients.	Questions d'ordre analytique	• Dans quelle entreprise travaillez-vous ? • Quel est le secteur d'activité de votre entreprise ? • Quel est l'effectif de l'entreprise? • Quel est le chiffre d'affaires généré par l'entreprise sur l'année écoulée? • Quel poste occupez-vous? • Quel est le type d'innovation développé par l'entreprise? • Comment qualifieriez- vous les innovations que l'entreprise développe le plus ? (Incrémentale, radicale) • Quel est le mode de développement des innovations dans votre entreprise ? (En interne, co-innovation) ?

Objectifs et relations possibles	**Types de questions**	**Questions**
Typologie des outils de contrôle de gestion et des pratiques informelles : Déterminer les différents éléments sur lesquels il est possible de jouer pour définir l'outil ou les pratiques de gestion : Formel / informel L'interactivité La fréquence La nature des indicateurs La nature du projet	Pour chaque phase du processus, nous interrogeons le répondant sur différents paramètres de contrôle.	Pour chaque étape[3] : • Comment qualifierez-vous le suivi de gestion que vous menez (formel, informel, autre) ? • Si le contrôle est formel, quels en sont les principaux indicateurs ? • Si le contrôle est informel, comment l'effectuez-vous ? • Les indicateurs sont-ils propres au projet, à l'organisation ou à l'étape du processus d'innovation ? • Quelle est la stratégie du contrôle (suivre les résultats, suivre l'avancement, arbitrer sur la continuité du projet) ? • A quelle fréquence effectuez-vous ce suivi ? • Estimez-vous le suivi interactif ?

[3] Les étapes correspondent aux étapes proposées dans le modèle de Cohendet et Simon (2015) que nous avons repris dans la figure 1

Objectifs et relations possibles	Types de questions	Questions
Contrôle de gestion et créativité : Déterminer si les outils de contrôle de gestion et les pratiques informelles sont au service du processus d'innovation en favorisant la créativité ou le succès des innovations.	Nous demandons l'avis du répondant sur ce point par rapport aux outils en place.	Pour chaque étape : • Les outils et pratiques mises en place permettent-ils de soutenir la créativité à cette étape du processus ? • Les outils et pratiques mises en place permettent-ils le succès du processus d'innovation ?
Evolution des outils : Déterminer si les outils de contrôle de gestion sont pertinents ou si des améliorations peuvent être apportées.	Nous interrogeons le répondant sur le caractère pertinent des outils mis en place, sur les axes d'amélioration des suivis en place, sur les difficultés rencontrées quant au pilotage des innovations.	Pour chaque étape : • Quels sont les axes d'améliorations des suivis mis en place ? • Sur une échelle de 0 à 5 (0 pas du tout pertinent et 5 tout à fait pertinent), est-ce que le mode de suivi mis en place vous semble pertinent ?

2.3. Validité des résultats et exploitation des réponses

Avant sa diffusion, le questionnaire a été testé auprès d'une entreprise privée dans le secteur de la biotechnologie, par le biais de deux interviews qui ont été menées, l'une auprès de la direction et la seconde auprès du responsable scientifique. Ce test a permis d'améliorer la formulation de certaines questions pour en faciliter la compréhension. La phase de test s'est poursuivie avec la diffusion du questionnaire par voie électronique. Les 10 premières réponses ont été analysées et ont permis de s'assurer que les réponses étaient exploitables. Les réponses au questionnaire ont été récoltées avec l'outil Google *Forms*. Afin de tester le biais de non répondant, nous avons suivi la procédure d'Amstrong et Overton (1977). Nous avons comparé les premières et les dernières réponses obtenues. Nous n'avons pas remarqué de différences significatives entre les répondants hâtifs et les tardifs, ce qui permet de présumer que l'échantillon est cohérent.

Concernant le traitement et l'analyse des données, une première analyse descriptive a été effectuée via le logiciel Microsoft *Excel* à l'issue de la période de collecte. En complément des analyses descriptives de la base de données des réponses à l'enquête, une analyse de partitionnement (*clustering*) a été conduite afin de comprendre comment les outils de contrôle de gestion du processus d'innovation sont utilisés par différents groupes d'entreprises ; ces groupes étant définis par les caractéristiques inhérentes aux firmes (leur taille et secteur d'activité) ainsi que par leur comportement en termes d'innovation et co-innovation. Cette analyse a été réalisée à l'aide du logiciel de traitement statistique *R* et du *package* klaR qui permet le partitionnement des variables catégoriques (Weihs *et al.*, 2005). Finalement, des tests de Student, des tests de Welch et des régressions de type Probit ont permis d'approfondir notre compréhension de l'utilisation et du format des outils de contrôle de gestion utilisés selon les structures étudiées. Ces tests d'hypothèses et régressions ont été réalisés à l'aide du logiciel de traitement statistique *STATA*.

3. ANALYSE DES RÉSULTATS OBTENUS

3.1. Une volonté de distinguer les pratiques selon les organisations et les innovations

Nous avons procédé à une analyse des *clusters* (partitions) afin de regrouper les entreprises selon la nature et le mode d'utilisation des outils de contrôle de gestion. Les objectifs sont (i) d'établir des groupes d'entreprises selon certaines de leurs caractéristiques illustrées par leurs réponses à notre enquête, et (ii) de tester l'hypothèse de l'égalité des variables relatives à l'utilisation d'outils et de pratiques de contrôle de gestion des processus d'innovation entre les différents groupes obtenus suite au partitionnement des entreprises dans l'échantillon.

Le regroupement des entreprises a été réalisé à l'aide de la technique de partitionnement *k-modes* (Huang, 1998), qui permet de partitionner des observations sur la base des variables catégoriques. Nous avons effectué des partitionnements en stipulant un nombre maximal de 5 partitions du fait du nombre d'observations dans la base de données. Nous avons ensuite utilisé le critère d'information bayésienne afin de déterminer de manière formelle un nombre efficient de partitions permettant de répartir les observations entre différents groupes sans perte d'information. Deux groupes ont ainsi été définis pour les modèles de *clustering*. Pour la détermination des différents modèles de clusters, nous avons retenu, comme variable commune, la taille des organisations, notamment le nombre de salariés afin de tenir compte de la structure des entreprises. Les différents modèles définis sont repris dans le tableau 4.

Tableau 4. Modèles de partitionnement

Modèles	Variables	Sous-groupe A	Sous-groupe B
1	Taille	Grandes entreprises	Petites entreprises
	Innovation produit	32,3 %	83 %
	Co-innovation	58,8 %	14,5 %
2	Taille	Grandes entreprises	Petites entreprises
	Innovation produit	37,7 %	72 %
	Secteur d'activité	Services	Production
3	Taille	Grandes entreprises	Petites entreprises
	Innovation service	73 %	20 %
	Co-innovation	5 %	59 %
4	Taille	Grandes entreprises	Petites entreprises
	Innovation service	75 %	10 %
	Secteur d'activité	Service	Production
5	Taille	Grandes entreprises	Petites entreprises
	Co-innovation	21,7 %	70 %
	Secteur d'activité	Production	Service

Nous avons ensuite testé de manière formelle si, pour des groupes différents, une typologie d'utilisation des outils de contrôle de gestion et de pratiques informelles voyait le jour. Des t-test de Welch ont été réalisés pour tester la stratégie de contrôle, l'influence de l'outil sur la créativité et la typologie des outils de contrôle de gestion au fur et à mesures des phases du processus d'innovation auxquelles nous nous intéressons. Nous présentons en annexe le tableau récapitulatif des p-values obtenues.

Il ressort de ces analyses de variables discriminantes que les comportements sont similaires en termes d'utilisation des outils de contrôle de gestion et des pratiques informelles parmi les groupes d'entreprises distincts (secteur d'activité, nombre de salariés). Ces résultats mettent en évidence que l'utilisation des outils de contrôle de gestion, les pratiques informelles ou mixtes, est fortement similaire entre les groupes établis en termes d'innovation de produit et de service, à l'exception des pratiques informelles, lesquelles sont utilisées de manière différente lorsque la firme développe des innovations de service en amont et en fin du processus.

3.2. Des outils et pratiques différents selon l'avancée du processus d'innovation mais semblables selon les organisations

Puisque les résultats obtenus par le questionnaire sont similaires entre firmes de différentes natures (analyse de partitionnement), nous avons réalisé des analyses complémentaires sur l'utilisation générale des outils de contrôle de gestion formels et des pratiques informelles pour le processus de l'innovation pour l'ensemble des entreprises de l'échantillon.

3.2.1. L'utilisation d'outils de contrôle gestion formels et des pratiques informelles

86 % des personnes ayant répondu au questionnaire ont estimé que les outils de contrôle de gestion peuvent favoriser le succès des innovations et 54 % que les outils de contrôle de gestion peuvent promouvoir la créativité. Ces chiffres montrent que, pour les répondants, les outils de contrôle de gestion peuvent avoir un réel impact dans le soutien au développement des innovations. La réalisation d'un *t-test* permet de visualiser, en fonction des étapes[4] du processus d'innovation, le moment de rupture, c'est-à-dire le moment où l'utilisation d'un outil va être plus importante. Les résultats sont présentés dans le tableau 5.

---

[4] Les étapes correspondent aux étapes proposées dans le modèle de Cohendet et Simon (2015) que nous avons repris dans la figure 1

Tableau 5. L'évolution de l'utilisation des outils de contrôle de gestion formels et des pratiques informelles (application du t-test)

	Passage phase exploration et génération de nouvelles idées (1) à la conceptualisation (2)		**Passage phase conceptualisation de l'idée (2) à la mise en œuvre (3)**		**Passage phase mise en oeuvre (3) à la mise sur le marché (4)**	
	Statistique t	**P-Value**	**Statistique t**	**P-Value**	**Statistique t**	**P-Value**
Toutes les structures:						
Outil de contrôle de gestion formel ou pratiques informelles	-3.3609	0.0009 ***	-1.4266	0.1546	1.7948	0.0736 *
Outil de contrôle de gestion formel	-3.8948	0.0001 ***	-1.3096	0.1916	-1.1263	0.2612
Pratiques informelles	2.3545	0.0196 **	0.8081	0.4198	1.7629	0.0793 *
Petites structures (- de 250 salariés):						
Outil de contrôle de gestion formel ou pratiques informelles	-2.6322	0.0092 ***	-1.3847	0.1679	1.7100	0.0890 *
Outil de contrôle de gestion formel	-1.9694	0.0516 *	-1.2913	0.1989	-1.5372	0.1268
Pratiques informelles	0.9818	0.3286	0.9299	0.3542	2.3607	0.0199 *

	Passage phase exploration et génération de nouvelles idées (1) à la conceptualisation (2)		**Passage phase conceptualisation de l'idée (2) à la mise en œuvre (3)**		**Passage phase mise en oeuvre (3) à la mise sur le marché (4)**	
	Statistique t	**P-Value**	**Statistique t**	**P-Value**	**Statistique t**	**P-Value**
Grandes structures (+ de 250 salariés): Outil de contrôle de gestion formel ou pratiques informelles	-2.0976	0.0376 **	-0.5850	0.5594	0.7722	0.4412
Outil de contrôle de gestion formel	-3.8008	0.0003 ***	-0.6670	0.5061	0.2611	0.7945
Pratiques informelles	2.7067	0.0084 ***	0.2541	0.7999	-0.3148	0.7535
* $p < 0.1$ ** $p < 0.05$ *** $p < 0.01$						

Source : exploitation des réponses du questionnaire

Le tableau 5 fait apparaître des points de passage différents selon la taille des organisations.

Pour les petites structures, nous constatons des différences ($p = 0.0092$), entre les phases 1 et 2 du processus d'innovation. Elles mettent en place davantage d'outils de contrôle de gestion formels (0.0516). En effet, les pratiques informelles sont similaires entre les phases 1 et 2 ($p = 0.3286$). Les outils de contrôle de gestion formels ne sont donc pas mis en place au détriment des pratiques informelles qui peuvent exister en parallèle, contrairement aux structures de taille plus importante. Entre la phase 3 et 4, nous relevons à nouveau un point critique (0.0890), avec une évolution négative de l'utilisation des pratiques informelles (0.0199). La phase 4 correspond à la phase de mise sur le marché, l'incertitude est moins forte et les structures ont tendance à utiliser des outils de contrôle de gestion formels, plus classiques.

Dans les grandes structures, nous relevons aussi des différences entre les phases 1 et 2 du processus d'innovation ($p = 0.0376$). Les entreprises mettent en place davantage de contrôle de gestion et principalement des outils de type formels, au détriment des pratiques informelles. En effet, nous constatons une diminution dans l'utilisation des pratiques informelles entre la phase 1 et la phase 2 ($p = 0.0084$). Un phénomène que nous ne retrouvons pas dans les petites structures.

Pour les répondants qui n'utilisent pas d'outils, le souhait de mettre en place un outil propre aux phases 3 et 4 du processus est fort (> 60 %). Pour les phases 1 et 2, la volonté de mettre en place un outil de gestion n'est pas majoritaire puisqu'elle ne représente que respectivement 38 % et 46 %. Si cette volonté se fait ressentir, l'étude des freins à cette mise en place est alors intéressante. Les principaux freins relevés sont les suivants (i) le manque de ressources temporelles et financières (65 %), (ii) la non-conformité de la pratique avec la culture d'entreprise (12 %) et (iii) la non-adhésion de l'ensemble des acteurs concernés par le pilotage du processus d'innovation à la mise en place de l'outil (8 %).

3.2.2. Le format de l'outil et les indicateurs utilisés

Tout au long du processus, les outils de contrôle de gestion formels sont majoritairement utilisés (66 %). Les pratiques informelles ne sont pas négligées pour autant puisqu'elles sont utilisées par 39 % des répondants. L'utilisation combinée des outils de contrôle de gestion formels et des pratiques informelles est également bien implantée, représentant 20 % des formats de contrôle. Pour les phases 2 et 3, de conceptualisation et de mise en œuvre, nous retrouvons des outils de contrôle de gestion formels en majorité (24 %) mais, à nouveau avec une présence des pratiques informelles (20 %). Dès la phase 2, la combinaison des deux formats n'a plus une utilisation significative. Lors de la mise sur le marché, ce sont les outils de contrôle de gestion formels qui sont majoritairement utilisés. La figure 3 représente l'évolution de l'utilisation des outils de contrôle de gestion formels et des pratiques informelles selon l'avancée du processus d'innovation et le niveau d'incertitude. Le niveau d'utilisation des outils de contrôle de gestion formels et de pratiques informelles est mesuré selon les réponses obtenues au questionnaire.

Figure 4. Évolution de l'utilisation des outils de contrôle de gestion formels et des pratiques informelles selon l'avancée du processus d'innovation et du niveau d'incertitude

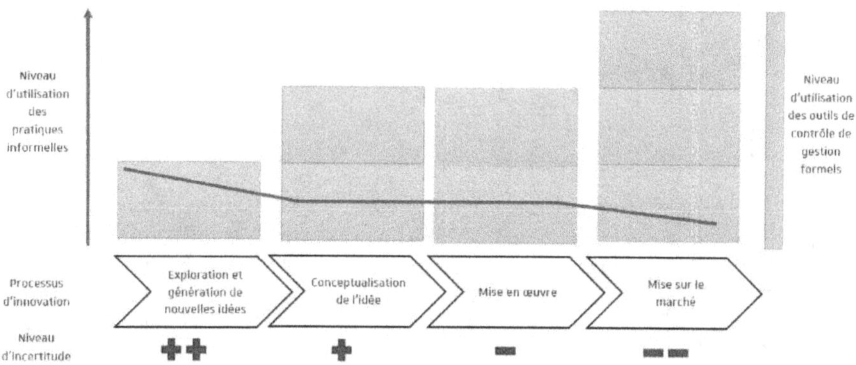

Source : exploitation des réponses du questionnaire

Le tableau 6 présente les réponses au questionnaire sur la nature des outils de contrôle de gestion et les pratiques informelles qui sont les plus utilisées dans les organisations selon l'étape du processus d'innovation. La classification formelle/informelle est issue des réponses, il ne s'agit pas d'une catégorisation a priori. Nous n'avons pas présenté de distinction selon la taille de l'organisation car cette variable ne représentait pas un élément différenciant dans les résultats.

Tableau 6. Les outils de contrôle de gestion formels et les pratiques informelles du processus d'innovation

	Exploration et génération des idées	**Conceptualisation de la recherche**	**Mise en œuvre**	**Mise sur le marché**
Outils formels	Suivi des temps Suivi des dépenses Suivi de métriques de la valeur de l'idée au travers d'outils intégrés type Excel Audition et notation des chefs de projets	Rédaction d'un cahier des charges Suivi des coûts Suivi des délais Calcul d'un ROI (Retour sur investissement) Test de prototypes auprès de clients et analyse des retours clients	Suivi des coûts Suivi des heures humaines Suivi des délais Suivi d'un ROI Retours clients Suivi de la réalisation d'un cahier des charges	Suivi du chiffre d'affaires Suivi de marge Suivi du ROI Suivi du nombre de clients Analyse des retours clients et des retours des collaborateurs. Analyse de la pertinence à la cible de la qualité du service rendu et du rapport coût/service rendu
Pratiques informelles	Partage des travaux en cours au sein d'une communauté virtuelle Organisation de défi innovation	Point d'équipe, discussions	Point d'équipe, discussions	Réunions d'équipe Discussion avec les utilisateurs

Source : exploitation des réponses du questionnaire

4. DISCUSSION DES RÉSULTATS

Dans cette recherche, notre objectif était d'identifier les outils de contrôle de gestion et les pratiques informelles qui sont utilisés par les organisations pour piloter leurs activités créatives, et plus particulièrement leur processus d'innovation, ainsi qu'identifier des différences et similitudes en fonction des secteurs d'activité, de la taille de l'entreprise et du type d'innovation.

4.1. Un équilibre à trouver entre contrôle de gestion et créativité

L'analyse des résultats du questionnaire fait ressortir une utilisation majoritaire d'outils de contrôle de gestion formels. Les pratiques informelles sont mises en place de façon complémentaire, principalement en début de processus d'innovation.

Les résultats ne font pas apparaître de doutes sur l'utilisation d'outils de contrôle de gestion formels, nous nous plaçons donc plutôt dans le premier pan de littérature, au côté des auteurs en faveur de l'utilisation d'outils de contrôle de gestion. Les répondants n'ont pas fait apparaître dans leurs réponses l'idée que les outils puissent nuire à la créativité. A l'instar des travaux de Spekle *et al.* (2017), Adler, Chen (2011) et Dangereux *et al.* (2017), ils sont plutôt vus comme un réel soutien à l'innovation. Toutefois, comme le montrent les travaux de Dangereux *et al.* (2017), le pilotage des processus d'innovation n'est pas seulement une instrumentation, c'est aussi une mixité d'utilisation d'outils de contrôle de gestion et de pratiques informelles. En effet, les pratiques informelles ne sont pas en reste, nous retrouvons, dans les résultats du questionnaire, des temps d'échanges informels, non planifiés, autour du processus d'innovation et qui permettent de prendre des décisions. Les pratiques informelles et les outils de contrôle de gestion sont utilisés de concert par les organisations. La notion de système de contrôle de gestion, de *package* (Malmi, Brown, 2008), semble alors particulièrement adaptée aux définitions fournies par les répondants au questionnaire car nous retrouvons dans les entreprises un ensemble d'outils de contrôle de gestion et de pratiques informelles qui cohabitent pour répondre aux enjeux de suivi des processus d'innovation.

L'équilibre entre les deux dépend de l'avancée dans le processus d'innovation. En effet, les outils de contrôle de gestion formels sont de plus en plus prégnants au fur et à mesure de l'avancée du processus. Nous faisons le lien avec les travaux d'Ouchi (1979) (figure 2) mais aussi les travaux de Royer (2002) . En effet, plus le processus d'innovation avance, moins l'incertitude est forte et plus les outils de contrôle de gestion formels trouvent leur place. Comme, dans le modèle d'Ouchi, nous retrouvons des pratiques informelles qui viennent compléter les outils de contrôle de gestion formels et qui ont une place plus importante en début de processus, lorsque le projet est incertain. Royer (2002) a mis en avant que des décisions rationnelles, si elles sont difficiles au début du processus d'innovation, deviennent plus aisées lorsque l'incertitude et la résistance baissent. Comme le montre la figure 4, c'est lorsque l'incertitude va être la moins élevée que les outils de contrôle de gestion formels seront plus importants. Toutefois, les pratiques informelles aident et participent à la prise de décision du début à la fin du processus et permettent de contribuer à prendre les décisions opportunes. Les questions que doivent se poser les organisations sont alors afférentes à l'équilibre à mettre en place entre des pratiques informelles et les outils de contrôle de gestion : comment les faire cohabiter pour faire avancer le processus d'innovation, réduire l'incertitude tout en garantissant la créativité ? La réconciliation entamée par Berland et Persiaux (2008) ; Spekle *et al.* (2017) et Dangereux *et al.* (2017) est d'actualité dans les entreprises qui recherchent le meilleur équilibre entre contrôle et créativité, prévision et incertitude, cadre et liberté. Cette vision d'équilibre est positive et permet de dépasser le clivage et les tensions existants entre contrôle et innovation.

4.2. Des pratiques consensuelles qui questionnent

L'analyse des données ne fait pas apparaître de différence significative selon le type de structure interrogée, le métier du répondant ou le degré de rupture de l'innovation développée. Ces pratiques convergentes interrogent. Est-ce que le développement d'une innovation de rupture permettra l'utilisation de la même typologie d'outils de contrôle de gestion que le développement d'une innovation incrémentale ? Les petites et grandes structures qui n'ont pas les mêmes moyens à consacrer au pilotage des projets ont-ells réellement la même structure de contrôle ?

À la lecture de ces résultats, nous pouvons nous interroger sur l'existence d'un phénomène de mimétisme. On fait référence ici à un phénomène de mimétisme de type comportemental qui impliquerait que les petites structures, dans une volonté d'afficher une gestion modèle, auraient tendance à répondre positivement à l'utilisation d'outils de contrôle de gestion. Il n'y aurait alors pas de modèle spécifique à des PME (Torrès, 2012 ; Torrès, Julien, 2005). Cette réponse pourrait leur apporter une certaine légitimité (DiMaggio, Powell, 1983 ; Meyer, Rowan, 1977). Afin d'apporter des éléments complémentaires, des études longitudinales et qualitatives sont recommandées.

CONCLUSION

La littérature en contrôle de gestion fait ressortir un groupe d'auteurs en faveur des outils de contrôle de gestion pour piloter l'innovation (Adler, Chen, 2011 ; Dangereux, Chapellier, Villesèque-Dubus, 2017 ; Spekle, Van Elten, Widener, 2017) et un second groupe alertant sur les dangers de mêler créativité et contrôle de gestion (Gilson *et al.*, 2005 ; Jørgensen et Messner, 2009 ; Touchais, 2006). Face à cette oscillation entre deux positions opposées, ce travail a permis de faire un état des lieux des outils de contrôle de gestion et des pratiques informelles existants dans les organisations pour le pilotage des processus d'innovation. Afin d'avoir une vision large, nous avons mené une étude quantitative auprès de 169 entreprises. Notre ambition était de pouvoir déceler des différences de pratiques entre les organisations en nous appuyant sur des analyses statistiques et économétriques. Nous avons mené une analyse de partitionnement de l'échantillon d'entreprises étudié selon certaines de leurs caractéristiques (taille et secteur d'activité) et certains de leurs comportements (innovation de produit, de service, ou co-innovation).

Le premier point à noter est qu'il ne fait aucun doute que les outils de contrôle de gestion trouvent toute leur place dans le pilotage des processus d'innovation. Par rapport aux deux tendances relevées dans la littérature, les répondants au questionnaire se situent dans le premier courant, celui favorisant les outils de contrôle de gestion. Ils sont vus comme une structure et une aide au processus de développement des innovations. Toutefois, l'analyse des résultats du questionnaire et la typologie de pilotage des processus d'innovation font apparaître une convergence des comportements et des pratiques. Ce second point montre que les outils de contrôle de gestion formels sont largement implantés dans les organisations et les pratiques informelles viennent les compléter. Si a priori, nous pouvions imaginer des comportements différents selon la taille de l'entreprise, son secteur d'activité ou le type d'innovation développé, ce n'est pas le cas. En effet, notre recherche révèle l'absence de différences significatives entre les différents groupes d'entreprises selon leurs caractéristiques propres ou la typologie des innovations. Ces résultats semblables et ces similitudes questionnent, les organisations communiquent une représentation homogène du pilotage des processus d'innovation, un comportement similaire, avec une utilisation importante des outils de contrôle de gestion formels.

Ce travail pose alors les jalons pour une prochaine étude, qui nous permettra de déterminer les motivations organisationnelles des choix d'outils de contrôle de gestion et de pratiques informelles dégagés par ce travail. En outre, ce travail ne permet pas d'apporter des préconisations d'utilisation d'outils de contrôle de gestion ou de pratiques informelles à une organisation. Nous ne savons pas, à ce stade, à quelle fréquence et quelle intensité ils sont utilisés ou pratiqués. Une étude qualitative permettra de compléter cette première recherche.

ANNEXE

Annexe 1. Résultats des tests d'hypothèses pour les variables d'intérêt lors de l'analyse de cluster

	p-value Modèle 1	p-value Modèle 2	p-value Modèle 3	p-value Modèle 4	p-value Modèle 5
Outil Formel					
Phase 1	0,2277	0,5823	0,7020	0,0724*	0,1609
Phase 2	0,4198	0,0849*	0,0995*	0,1349	0,4120
Phase 3	0,4790	0,5825	0,3086	0,0844*	0,4118
Phase 4	0,3818	0,1704	0,6559	0,3086	0,4581
Pratiques informelles					
Phase 1	0,1349	0,7162	0,1567	0,0186**	0,0315**
Phase 2	0,8119	0,0992*	0,3265	0,2160	0,0471**
Phase 3	0,4437	0,7101	0,8399	0,0844*	0,0957*
Phase 4	0,0605*	0,1002	0,4534	0,0181**	0,0656*
Pratiques Mix (formel et informel)					
Phase 1	0,7050	0,8150	0,1660	0,5456	0,2053
Phase 2	0,3272	0,6792	0,2430	0,5503	0,0012***
Phase 3	0,9884	0,6966	0,1530	0,7737	0,0073***
Phase 4	0,2472	0,9651	0,8246	0,2511	0,0021***
Stratégie 1 : Suivre les résultats					
Phase 1	0,8854	0,0477**	0,2220	0,0886*	0,3637
Phase 2	0,9373	0,9247	0,9686	0,9895	0,4988

	p-value Modèle 1	p-value Modèle 2	p-value Modèle 3	p-value Modèle 4	p-value Modèle 5
Phase 3	0,1660	0,2205	0,8114	0,3549	0,1071
Phase 4	0,0929*	0,4274	1	0,1598	0,1925
Stratégie 2 : Suivre l'avancement du projet					
Phase 1	0,1152	0,3674	0,0248**	0,0198**	1
Phase 2	0,9198	0,7791	0,4998	0,0146**	0,4378
Phase 3	0,0735*	0,8625	0,5137	0,2070	0,4137
Phase 4	0,6329	0,2591	0,2099	0,7946	0,0299**
Stratégie 3 : Arbitrer sur la continuité du projet					
Phase 1	0,0199**	0,0440**	0,0424**	0,5838	0,1418
Phase 2	0,8090	0,8054	0,2322	0,8918	0,8343
Phase 3	0,2574	0,0544*	0,0949*	0,8190	0,6107
Phase 4	0,4593	0,0389**	1	0,4676	0,2393
Soutien à la créativité					
Phase 1	0,5292	0,4044	0,3420	0,2599	0,6461
Phase 2	0,1169	0,1521	0,0593*	0,0458**	0,1818
Phase 3	0,2182	0,3909	0,6968	0,7929	0,6382
Phase 4	0,7789	0,3915	0,1361	0,5513	0,7285
* $p < 0,1$ ** $p < 0,05$ *** $p < 0,01$					

BIBLIOGRAPHIE

ABERNETHY, M.A., BROWNELL, P. (1997), Management control systems in research and development organizations: The role of accounting, behavior and personnel controls, *Accounting, Organizations and Society*, *22*, 3, 233-248.

ADLER, P.S., CHEN, C.X. (2011), Combining creativity and control: understanding individual motivation in large-scale collaborative creativity, *Accounting, Organizations* & *Society*, 36, 2, 63-85.

AHRENS, T., CHAPMAN, C.S. (2004), Accounting for flexibility and efficiency: a field study of management control systems in a restaurant chain, *Contemporary Accounting Research*, 21, 2, 271-301.

AKTOUF, O., BOIRAL, O., MEHRAN, E., SAIVES, A. (2006), *Management entre tradition et renouvellement*, Boucherville, Québec, Gaëtan Morin.

ALTER, N. (1998), Organisation et innovation, une rencontre conflictuelle, *Sciences Humaines*, 20, hors-série, 185-192.

AMABILE, T.M. (1998), How to kill creativity ?, *Harvard Business Review*, 76, 5, 76-87.

AMABILE, T.M., CONTI, R., COON, H., LAZENBY, J., HERRON, M. (1996), Assessing the work environment for creativity, *Academy of Management Journal*, 39, 5, 1154-1184.

AMSTRONG, J.S., OVERTON, T.S. (1977), Estimating nonresponse bias in mail surveys, *Journal of Marketing Research*, 14, 3, 346-402.

ANDERSON, N., POTOČNIK, K., ZHOU, J. (2014), Innovation and creativity in organizations a state-of-the-science review, prospective commentary, and guiding framework, *Journal of Management*, 40, 5, 1297-1333.

ANTHONY, R.N. (1965), *Planning and control systems: a framework for analysis*, Harvard University Press.

ARENA, L., SOLLE, G. (2012), Apprentissage organisationnel et contrôle de gestion : une lecture possible de l'ABC/ABM ?, *Comptabilité - Contrôle - Audit*, 14, 3, 67-85.

AUBOUIN, N., COBLENCE, E., KLETZ, F. (2012), Les outils de gestion dans les organisations culturelles : de la critique artiste au management de la création, *Management Avenir*, 54, 4, 191-214.

BARREYRE, P.Y. (1980), Typologie des innovations, *Revue Française de Gestion*, janvier-février, 24, 9-15.

BERLAND, N., PERSIAUX, F. (2008), Le contrôle des projets d'innovation de haute technologie, *Comptabilité - Contrôle - Audit*, 14, 2, 75-106.

BERRY, M. (1983), Une technologie invisible - l'impact des instruments de gestion sur l'évolution des systèmes humains, *CRG-1133. Cahier du laboratoire.*

BONNER, J.M. (2005), The influence of formal controls on customer interactivity in new product development, *Industrial Marketing Management*, 34, 1, 63-69.
BOUQUIN, H. (1994), *Les fondements du contrôle de gestion.*, Presses Universitaires de France, Que sais-je ?, Paris.
BOUQUIN, H. (2008), *Le contrôle de gestion*, Presses Universitaires de France, Gestion, Paris.
CHANAL, V., MOTHE, C. (2005), Comment concilier innovation d'exploitation et innovation d'exploration : une étude de cas dans le secteur automobile, *Revue Française de Gestion*, 31, 154, 173-191.
CHANG, L., BIRCKETT, B. (2004), Managing intellectual capital in a professional service firm: exploring the creativity-productivity paradox, *Management Accounting Research*, 15, 1, 7-31.
CHATELAIN-PONROY S. (1996), *Le contrôle de gestion dans les musées. Émergence et développement du contrôle de gestion dans des organisations non lucratives soumises à des faisceaux de contraintes environnementales et organisationnelles*, Thèse de doctorat gestion et management, Université Paris XII Val de Marne.
CHIAPELLO, E. (1997), Les organisations et le travail artistiques sont-ils contrôlables ?, *Réseaux*, 15, 86, 77-113.
CHIAPELLO, E. (1998), *Artistes versus managers – le management culturel face à la critique artiste*, Métailié.
CHRISTENSEN, C.M. (1997), *The innovator's dilemma: when new technologies cause great firms to fail*, Harvard Business School Press, Harvard Business Publishing.
COHENDET, P., HARVEY, J.F., SIMON, L. (2013), Managing creativity in the firm: the fuzzy front end of innovation and dynamic capabilities, in Burger-Helmchen, T. (dir.), *The Economics of Creativity: Ideas, Firms and Markets*, Routledge, 131-150.
COHENDET, P., SIMON, L. (2015), Introduction to the special issue on creativity in innovation, *Technology Innovation Management Review*, 5, 7, 5-13.
COOMBS, R., SAVIOTTI, P., WALSH, V. (1987), *Economics and technological change*, Macmillan, Rowman & Littlefield, London.
DAMANPOUR, F. (1991), Organizational innovation: a meta-analysis of effects of determinants and moderators, *Academy of Management Journal*, 34, 3, 555-590.
DANGEREUX, K., CHAPELLIER, P., VILLESEQUE-DUBUS, F. (2017), Nature et rôle des outils de contrôle de gestion dans les PME innovantes, in *L'innovation managériale Les multiples voies d'une spirale vertueuse*, EMS Management et Société, 169-197.
DAVILA, A., FOSTER, G., OYON, D. (2009), Accounting and control, entrepreneurship and innovation: venturing into new research opportunities, *European Accounting Review*, 18, 2, 281-311.

DAVILA, T. (2000), An empirical study on the drivers of management control systems' design in new product development, *Accounting, Organizations and Society*, 25, 4-5, 383-409.
DENT, J. (1990), Strategy, organization and control: some possibilities for accounting research, *Accounting Organizations and Society*, 15(1-2), 3-25.
DIMAGGIO, P.J., POWELL, W.W. (1983), The iron cage revisited: institutional isomorphism and collective rationality in organizational fields, *American Sociological Review*, 48, 2, 147-160.
DITILLO, A. (2004), Dealing with uncertainty in knowledge-intensive firms: the role of management control systems as knowledge integration mechanism, *Accounting, Organizations and Society*, 29, 3-4, 401-421.
DURAND, T. (1992), Dual technological trees: Assessing the intensity and strategic significance of technological change, *Research Policy*, 21, 4, 361-380.
FERNEZ-WALCH, S., ROMON, F. (2013), *Management de l'innovation de la stratégie aux projets*, Vuibert, Paris.
FREEMAN, C., SOETE, L. (1997), *The Economics of Industrial Innovation*, 3rd edn, Psychology Press, Cambridge.
GANTT, H.L. (1913), *Work, wages, and profits*, Kessinger Publishing, LLC.
GILSON, L.L., MATHIEU, J.E., SHALLEY, C.E., RUDDY, T.M. (2005), Creativity and standardization: complementary or conflicting drivers of team effectiveness? , *Academy of Management Journal*, 48, 3, 521-531.
GUIBERT, N., DUPUY, Y. (1997), La complémentarité entre contrôle formel et contrôle informel : le cas de la relation client-fournisseur, *Comptabilite - Controle - Audit*, 3, 1, 39-52.
HUANG, Z. (1998), Extensions to the k-means algorithm for clustering large data sets with categorical values, *Data Mining and Knowledge Discovery*, *2*, 3, 283-304.
JØRGENSEN, B., MESSNER, M. (2009), Management control in new product development: the dynamics of managing flexibility and efficiency, *Journal of Management Accounting Research*, 21, 1, 99-124.
KAPLAN, R.S., NORTON, D. (1992), The balanced scorecard: measures that drive performance, *Harvard Business Review*, 70, 1, 71-79.
KLINE, S., ROSENBERG, N. (1986), An overwiew of innovation, in Landau, R., Rosenberg, N. (dir.), *The Positive Sum strategy*, 275-305.
LENFLE, S., LOCH, C. (2010), Lost roots: how project management came to emphasize control over flexibility and novelty, *California Management Review*, 53, 1, 32-55.
LEWIS, R., BROWN, D., SUTTON, N. (2019), Control and empowerment as an organising paradox: implications for management control systems, *Accounting, Auditing and Accountability Journal*, 32, 2, 483-507.

LORINO, P. (1995), *Comptes et récits de la performance*, Les Editions d'Organisation.
MALCOLM, D.G., ROSEBOOM, J.H., CLARK, C.E., FAZAR, W. (1959), Application of a Technique for Research and Development Program Evaluation, *Operations Research*, 7, 5, 646-669.
MALMI, T., BROWN, D.A. (2008), Management control systems as a package–Opportunities, challenges and research directions, *Management Accounting Research*, 19, 4, 287-300.
MEYER, J.W., ROWAN, B. (1977), Institutionalized organizations : formal structure as myth and ceremony, *American Journal of Sociology*, 83, 2, 340-363.
MEYSSONNIER, F. (2015), Quel contrôle de gestion pour les startups ?, *Comptabilité - Contrôle - Audit*, 21, 2, 33-61.
MEYSSONNIER, F., ZAWADZKI, C. (2008), L'introduction du contrôle de gestion en PME étude d'un cas de structuration tardive de la gestion d'une entreprise familiale en forte croissance, *Revue internationale des PME,* 21, 1, 69-92.
NAVARRE, C. (1989), La nouvelle fonction project management, *Communication au colloque Réussissez votre gestion de projet, Institute for International Research*, 4-15.
NIXON, B. (1998), Research and development performance measurement: a case study, *Management Accounting Research*, 9, 3, 329-355.
OUCHI, W.G. (1979), A conceptual framework for the design of organizational control mechanisms, *Management Science*, 833-848.
RAEDERSDORF, S. (2015), Entreprendre dans l'économie sociale et solidaire : entre contrôle et créativité ?, *Innovations*, 48, 3, 69-85.
ROYER, I. (2002), Les procédures décisionnelles et le développement de nouveaux produits, *Revue française de gestion*, 139, 3, 7-25.
SCHUMPETER, J.A. (1911), *Théorie de l'évolution économique recherches sur le profit, le crédit, l'intérêt et le cycle de la conjoncture*, Dalloz, Paris.
SIMONS, R. (1995), Control in an age of empowerment, *Harvard Business Review*, 73, 2, 8-88.
SPEKLE, R.F., VAN ELTEN, H.J., WIDENER, S.K. (2017), Creativity and control: a paradox. evidence from the levers of control framework, *Behavioural Research in Accounting*, 79, 2, 73-96.
TIDD, J., BESSANT, J., PAVITT, K. (2006), *Management de l'innovation : Intégration du changement technologique, commercial et organisationnel*, De Boeck Supérieur.
TORRES, O. (2012), Pour une approche contingente de la spécificité de la PME, *Revue internationale P.M.E.*, 10, 2, 9-43.
TORRES, O., JULIEN, P.A. (2005), Specificity and Denaturing of Small Business, *International Small Business Journal*, 23, 4, 355-377.

TOUCHAIS, L. (2006), Le contrôle de gestion dans une dynamique de changement : définition d'un cadre d'analyse, *Comptabilité, Contrôle, Audit et institution(s)*, CD-Rom.
WEIHS, C., LIGGES, U., LUEBKE, K., RAABE, N. (2005), KlaR analyzing german business cycles , in Baier, D., Decker, R., Schmidt-Thieme, L. (dir.), *Data Analysis and Decision Support*, Springer Berlin Heidelberg, Berlin, Heidelberg (Studies in Classification, Data Analysis, and Knowledge Organization), 335-343.
ZHOU, J. (2003), When the presence of creative coworkers is related to creativity: role of supervisor close monitoring, developmental feedback, and creative personality, *Journal of Applied Psychology*, 88, 3, 413-422.
ZHOU, J., GEORGE, J.M. (2003), Awakening employee creativity: The role of leader emotional intelligence, *The Leadership Quarterly*, 14, 4, 545-568.

COMPTES-RENDUS

La logistique, force et faiblesse de l'économie du Maroc

NACIRI, Abdelali, PACHÉ, Gilles (dir.) (2021), *Le Maroc à la Croisée des Chemins de la Logistique : Melanges en l'honneur du Professeur Mustapha El Khayat*, Rabat (Maroc), Éditions De L'Amlog, 440 p.

Par François FULCONIS

« Le Maroc logistique », voilà un ouvrage bienvenu, voire attendu ! et d'un grand intérêt, tellement les activités logistiques occupent une place grandissante dans le développement économique et social du Royaume du Maroc et, à l'échelle mondiale, dans la compétition industrielle et commerciale que se livrent les entreprises et les États. Par ses contributions pluridisciplinaires, cet ouvrage s'adresse directement aux chercheurs en Sciences de Gestion et du Management, en Sciences Économiques et, plus largement, en Sciences Sociales. Il intéressera aussi les étudiants d'universités, d'écoles de commerce et d'ingénieurs, ainsi que les responsables d'entreprises et les décideurs politiques nationaux ou locaux en quête de connaissances en logistique et *Supply Chain Management* (SCM).

En effet, cet ouvrage revient sur les efforts effectués au cours des deux dernières décennies par le Maroc pour renforcer et tirer profit de son potentiel logistique. L'ouvrage est aussi résolument tourné vers l'avenir, puisque les efforts actuels du Maroc s'inscrivent dans une réelle volonté de réforme économique et d'intégration des préoccupations logistiques dans les politiques publiques de ce pays, que ce soit au niveau de son développement national, pour lequel de nombreux chantiers ont été entrepris, qu'au niveau de son rayonnement international en plein essor.

Cet ouvrage collectif est coordonné par Abdelali Naciri, Professeur en Sciences Économiques à l'Université Hassan II-Mohammedia (Maroc), et Gilles Paché, Professeur en Sciences de Gestion et du Management à Aix-Marseille Université (France). Par le nombre de contributeurs impliqués, près d'une quarantaine d'horizons divers en termes disciplinaires et de points de vue, il est d'une extrême richesse. Cela témoigne, d'une part, des enjeux de la thématique traitée pour le Maroc à la recherche d'un nouveau modèle de développement et en tant qu'acteur dans les échanges économiques mondiaux et, d'autre part, de la notoriété et de la renommée internationale du Professeur émérite en Sciences de Gestion Mustapha El Khayat (Université Hassan II, Mohammedia) à qui cet ouvrage rend hommage, tout particulièrement pour ses travaux significatifs dans le champ de la logistique au Maroc.

En termes d'architecture, cet ouvrage est introduit par un chapitre remarquable qui permet au lecteur de bien appréhender, dans un environnement international, la question de la gestion des chaînes logistiques dans la compétitivité de l'économie marocaine. L'ouvrage se compose ensuite de deux parties qui traitent successivement, à travers 23 chapitres, de la dynamique des chaînes logistiques dans un contexte de chaînes globales de valeur (Partie 1), et des stratégies logistiques passées, présentes et à venir, en particulier au Maroc (Partie 2).

La première partie « Dynamique des chaînes logistiques internationales » se compose de 12 chapitres qui proposent une vision très englobante du Maroc en tant que maillon logistique du commerce international. Trois thématiques sont plus spécialement traitées :

- un premier groupe de chapitres propose des réflexions sur la place du Maroc et, plus largement du Maghreb, dans un espace d'échanges mondialisés qui pose la question de la pertinence des politiques industrielles d'*offshoring vs nearshoring*, de l'insertion du Maghreb face à la Chine dont la puissance est en passe de devenir hégémonique, et de l'arrivée de la grande distribution internationale sur son propre territoire ;
- un deuxième groupe de chapitres se concentre sur les infrastructures logistiques, en particulier portuaires, du Maroc. Le rôle de ces infrastructures dans le commerce intra-africain est étudié et, compte tenu de la situation géographique privilégiée du Maroc vis-à-vis du transport maritime, un focus particulier est effectué sur la gouvernance portuaire. Pour ce dernier point, des éclairages, tout aussi intéressants les uns que les autres, sont réalisés à la fois sur le cas du port de Tanger et la région Nord du Maroc, sur l'essor de la conteneurisation et ses impacts sur la gouvernance portuaire au Maroc, sur le cas des investissements directs étrangers (IDE) industriels et portuaires marocains et, bien logiquement, sur les défis environnementaux que les ports se doivent de relever ;
- un troisième groupe de chapitres conduit naturellement le lecteur à aborder la problématique du transport maritime et de la marine marchande marocaine. Les contrats d'alliances maritimes y sont étudiés, l'angle juridique questionnant la vraie nature des contrats de coopération est privilégié. La logistique maritime marocaine est aussi appréhendée, en particulier par une analyse inédite de la capacité de résilience du secteur durant la phase post-Covid-19. Dans le contexte de compétitivité logistique actuel, une réflexion est aussi proposée sur la capacité et la responsabilité du transporteur maritime à livrer sans retard. Assez habilement, un dernier chapitre vient prolonger ces thématiques en proposant un plaidoyer pour une renaissance de la marine marchande marocaine.

La seconde partie « Stratégies logistiques : hier, aujourd'hui et demain » comprend quant à elle 11 chapitres. Elle propose un ensemble de réflexions, variées et complémentaires, à partir de regards historiques qui permettent de comprendre la situation logistique singulière du Maroc et de préparer ses évolutions. Plus précisément, à l'instar des tesselles composant une mosaïque, celle du « Maroc logistique », les contributions s'attachent tour à tour à répondre aux questions suivantes : comment, malgré les progrès des systèmes d'information et des outils d'aide à la décision, les managers restent-ils à l'origine des projets *Supply Chains* pour faire face aux aléas et aux crises ? Comment renforcer le pilotage des systèmes logistiques, essentiels au fonctionnement des sociétés, plus spécialement en temps de crise comme durant la crise sanitaire consécutive à la pandémie de Covid-19 ? Comment, par le développement de tableaux de bord prospectifs, renforcer la performance du transport de marchandises en ville, thématique de grande actualité pour le Maroc ? Quelles alternatives logistiques à mettre en œuvre pour soutenir les GSA (Grandes surfaces alimentaires) marocaines qui s'éveillent au commerce en ligne ? Comment les prestataires de services logistiques (PSL) de type « 3PL » déploient leurs capacités dynamiques ? Quelles sont les spécificités contextuelles de la mutualisation logistique au Maroc ?

Pour parfaire la mosaïque, d'autres contributions de la seconde partie de l'ouvrage privilégient une approche davantage inter-organisationnelle des chaînes logistiques multi-acteurs. L'une aborde la problématique de l'intégration des chaînes logistiques au Maroc en mobilisant la théorie fondée sur les compétences. Une autre met l'accent sur la logistique hospitalière, en particulier sur le rôle que joue le transport sanitaire dans l'accès aux soins de santé au Maroc. Enfin, selon une approche plus englobante, les trois dernières contributions invitent le lecteur à revenir sur les relations logistiques entre le Maroc et l'Afrique de l'Ouest du XIe siècle au XVe siècle, sur deux fléaux de civilisation (Peste de Marseille en 1720 et Covid-19 en 2020) portés par la mondialisation et les développements de la logistique, et sur un siècle de mutations de la Marine marchande du Maroc qui permet de rebondir sur les contributions de la première partie de cet ouvrage.

Si l'ouvrage offre un très large regard, étayé par des approches théoriques reconnues et illustrées par des cas réels des plus pertinents, sur les questions que soulèvent actuellement la thématique de la gestion des chaînes logistiques au Maroc, tout pour autant ne peut être traité. Mais le lecteur aura très vite fait de parfaire la mosaïque en mobilisant les références figurant dans la bibliographie générale de l'ouvrage bien plus complète qu'à l'accoutumé. Au format original, celle-ci est composée de très nombreuses références présentées en sept rubriques : « monographies », « ouvrages collectifs », « rapports », « thèses et mémoires », « chapitres d'ouvrages collectifs », « articles de revues » et « communications et *working papers* ». Le lecteur pourra aussi se tourner vers les actes de colloques organisés par les communautés de chercheurs en logistique et SCM présentes sur les deux rives de la Méditerranée. À titre d'illustration, nous pouvons citer le colloque organisé au Maroc, en juillet 2019, par la Faculté de Droit de Mohammedia en collaboration avec l'Association Marocaine pour la Logistique (AMLOG), ou les rencontres de l'Association Internationale de Recherche en Logistique et Supply Chain Management (AIRL-SCM) organisées, depuis 1995 et tous les deux ans, en France et à l'international.

C'est donc un ouvrage très complet, reposant sur de solides ancrages théoriques et à la fois très contextualisé, qui est proposé au lecteur. Ne retrouve-t-on pas là la « marque de fabrique » du Professeur Mustapha El Khayat ? En effet, cet ouvrage, faut-il le rappeler, n'aurait pas vu le jour sans ses apports académiques et pratiques, depuis plus de 30 ans, au champ de la logistique. Il avait très tôt compris la nécessité de privilégier une approche systémique et transdisciplinaire de celui-ci tout en l'ancrant solidement dans les Sciences de Gestion et du Management. Cet ouvrage résulte aussi de sa volonté sans faille de construire des ponts entre le monde académique et le monde professionnel, au Maroc comme à l'échelle internationale où il a assumé de nombreuses responsabilités, dont celles de consultant auprès de la Banque mondiale, de la Banque européenne d'investissement, de la Commission européenne, de la Société financière internationale et du Centre d'Études des Transports pour la Méditerranée Occidentale (CETMO).

S'il poursuit ardemment, aujourd'hui, son œuvre en tant que Président de l'AMLOG, il convient enfin de souligner que le Professeur Mustapha El Khayat s'est toujours soucié de l'importance de la diffusion et de la transmission des connaissances. Ses activités d'enseignement tout au long de sa carrière dans le supérieur, et ses nombreuses conférences destinées au monde professionnel (cadres d'entreprises, publics d'initiés ou personnes intéressées par la logistique au Maroc), l'attestent. L'ouvrage « Le Maroc à la Croisée des Chemins de la Logistique : Mélanges en l'honneur du Professeur Mustapha El Khayat » est incontestablement un ouvrage à mettre entre toutes les mains, en particulier de celles des personnes qui veulent poursuivre leur ouverture au monde et à ses évolutions en cours. Alors, que le lecteur se délecte au fil des pages et réalise un riche et beau voyage à travers les magnifiques paysages du « Maroc logistique » que nous donne à voir cet *Opus* collectif !

Innovation Economics, Engineering and Management

UZUNIDIS, Dimitri, KASMI, Fedoua, ADATTO, Laurent (eds) (2021), *Innovation Economics, Engineering and Management Handbook 1, Main Themes*, London, ISTE/Wiley, 460 p.
UZUNIDIS, Dimitri, KASMI, Fedoua, ADATTO, Laurent (eds) (2021), *Innovation Economics, Engineering and Management Handbook 2, Special Themes*, London, ISTE/Wiley, 332 p.

Par Laurent ADATTO et Fedoua KASMI

Entitled "Innovation Economics, Engineering and Management Handbook", the recently published English-language encyclopedic sum analyzes contemporary innovation processes related to information society, knowledge economy, interactions between research and business models, agile methods, adaptation to change, wealth creation and development of socially and environmentally sustainable growth.

Within a high number of chapters, the generation of innovation is studied at different scales, local, and adjoining networks and globalized economy. The theoretical background of the constituent elements of the innovation field is reminded in order to enlighten the conceptual analyzes and do not reserve the reading to the only experts.

Two volumes with complementary range were constituted. The first one is devoted to the foundations of innovation, in particular for a readership that includes economists, managers, historians and engineers involved in the field. The second volume analyzes the concepts of innovation from a contextual and prospective approach.

Volume 1 - Main Themes

Economy - The first contribution of this volume reviews the foundations of the definition and evolution of the major issues of the innovation economy, its measurement, its key players and the need for their interactions in a systemic dynamic.

Management - How to manage innovation? Space seen from the point of view of organizational boundaries; time by taking into account the emblematic processes of innovation; and matter (the material version of innovation: product, service…) and its appropriation, turns out to be key elements of the answer to this question.

Agriculture - The renewal of the concept of innovation in the field of agriculture is studied. The specificities of agricultural and food activities that make these activities interact and the use or conceptualization of innovation are questioned.

Anthropology - Innovation is analyzed through the lens of anthropology by examining the characteristics of the anthropology of innovations. Anthropology provides the intellectual tools to understand how innovations transform society while pointing to the complexity of the change process.

Business - The difference between the commercial and business ecosystems is addressed. The territorial dimension is minimized in entrepreneurial ecosystem (EE) unlike business ecosystem (BE), which also emphasizes coherence that is reinforced by appropriate public policy measures.

Capacity - Innovation is not limited to technology transfer, it is the capacity to innovate that conditions the innovation dynamic. The link between innovation capacity, collective learning and the interest of building competencies within innovation systems are analyzed.

Capital - The concept of knowledge capital is also studied. A conceptual framework is developed in order to understand the mechanisms of knowledge production and management in the firm and their importance in innovation.

Cluster - The association of geographical and "virtual" proximities in innovative clusters is analyzed. Particular attention is given to the influence of the Internet revolution, and information and communication technologies in these clusters.

Collaboration - The guiding concepts and basic notions associated with open and collaborative innovation are presented. A brief history, as well as the main occurrences in the literature from different fields, are highlighted. Discussions and criticisms of the openness aspect of innovation processes are raised.

Creativity - In the first volume, we also examine the encounter between the fields of innovation and creativity. The way in which innovation has "instrumentalized" creativity is highlighted, while showing how they have reciprocally influenced each other in the way they think and practice each other.

Cycles - The long movements of the economy and the question of innovation are brought together. Innovation is identified as a key driver in the cyclical evolution of the economy due to its transformative potential.

Design - Despite the free nature of innovation, the implementation of a structured approach based on innovative design methods is essential to eliminate the fixation effect.

Diffusion - Approaches to the diffusion of innovation are discussed. On the one hand, there is the epidemiological approach, which gives a central role to information, and on the other hand, there is the individual choice approach, which emphasizes the heterogeneity of potential adopters. Policy externalities play an important role in the diffusion phenomenon.

Disruption - Disruptive innovation is defined; not as a breakthrough or simple technological advancement, but rather a bottom-up innovation that offers a new combination of value to disrupt the existing market and displace established businesses and products.

Ecosystem - The notion of an innovation ecosystem here emphasizes the importance of informal actors complementing formal organizations and institutions. To better analyze this vision, the different theoretical approaches to this notion, and the main characteristics of innovation ecosystems are analyzed.

Entrepreneur - Is the entrepreneur an actor of change or an agent of change? In the first volume, the evolution of the function of the innovative entrepreneur is discussed.

Financing - The question of financing innovation is addressed. The role of information asymmetries on financing is discussed, as well as the reasons for the reluctance to finance, while pointing out the importance of public intervention to finance innovation.

Frugality - Frugal innovation is defined here as a new technological paradigm. It differs from other similar types of innovation and is presented as a response to environmental concerns and sustainability issues.

Future - The different trajectories envisaged for innovative technologies in different fields (such as virtual reality, neuroconnection, health or space industry) are analyzed as well as the imaginary and technological ideologies that go with these mutations (such as science fiction, cyberculture or transhumanism).

Hybridization - The importance of tools such as the "DRL - Demand Readiness Level" in the acceleration and agilization mechanisms of all collaborative innovation processes is also highlighted.

Incentives - The theoretical underpinnings that favored the development of the theory of incentives are categorized and the different forms of incentives and their applications according to the characteristics of the company, the sector of activity and the competition are analyzed.

Indicators - Indicators for measuring the effects of innovation on growth, competitiveness, and social and environmental issues are listed in this volume. The approach by inputs (human and financial means) and outputs (innovation rate, patents filed and scientific publications) is mobilized and the limits of these indicators are discussed.

Information - The meaning of intelligence is associated with the informational supply necessary for the innovation process. The notions of "classic", "creative" and "strategic innovation" intelligence are articulated to explain the specificities of an information search.

Invention - The notions of competitive innovation and shared invention are brought together. Their cohesion is based on the sharing of knowledge, the management of intra- and inter-sectoral competition, and the management of technological change.

Knowledge - Knowledge Management (KM) is presented as the process of coordinating talent, systems and organizational structures to innovate and create value in accordance with a strategic vision. Learning organizations, KM strategies and KM tools are analyzed.

Location - The location of innovation is also examined by addressing the role of public actions undertaken to address innovation issues at a localized (sub-national) level and generate territorialized economic development.

Market - The multifaceted nature of business innovation is also highlighted and its relevance to business strategy is emphasized. The characteristics of this innovation and the conditions for its success are also questioned.

Model - Business models are discussed as essential elements in the innovation strategy of companies. A typology of the elements of business models and the way they are linked together is presented.

Network - The issue of innovation networks is addressed. Collaboration with external stakeholders in a network is essential to innovation, it results in the creation of new resources for the company. But the question of space and territory also plays an important role in the formation and sustainability of networks.

Organization - As innovation processes become more open, new organizational structures for innovation have emerged. Three organizational structures for innovation are identified and their models discussed. The first concerns the research and development (R&D) project system, the second the startup-venture capital system, and the third the emerging structure called the industrial platform system.

Paradigm - A historical review of the techno-scientific paradigm, source of major innovations (such as the Internet), is also presented. Its critics (notably neoliberal) are raised.

Pattern - The main "innovation models" are analyzed. Starting with the analysis of the linear model of innovation (basic and applied research and technological development), then the interactive models of innovation, which emphasize the links between the different phases of the innovation process and the increased consideration of the market. The hybridization of these models, depending on the context or the concerned fields, is discussed.

Persistence - The persistence of innovation is characterized by the diversity of its definitions. These are introduced in this first volume. The issues related to the measurement of this phenomenon and its explanatory frameworks are analyzed. The persistence of innovation in the firm is crucially linked to the dynamic capabilities of the firm that allow it to innovate persistently over a long period.

Policy - Innovating differently to face societal challenges is becoming an imperative. Innovation critics are now at the heart of the field of innovation studies and this change is accompanied by important transformations in innovation policies. However, innovation systems and the policies linked to them do not change easily because they are subject to powerful lock-ins.

Property - Is the intellectual property system beneficial to innovation? Critics of this system of protection are multiplying. Some researchers consider it to be a brake, leading to a risk of overprotection and possibly limiting the diffusion of works and the use of innovations.

Proximity - Do you have to be close to innovate? To answer this question, the positive and negative effects of geographical proximity on innovation, and then of non-geographical proximities, are analyzed.

Responsibility - The issue of responsible innovation is also addressed in particular through the prism of research and responsible innovation. It is the subject of a double analysis, on the one hand on its adoption by public policies. On the other hand, its implementation by companies through corporate social responsibility.

Revolution - The transition from the technical revolution to the industrial revolution is also analyzed in the volume 1. Technical innovations are a major characteristic of the industrial revolution, or more precisely, of the progressive industrialization of the economy and societies.

Services - An analysis of the literature on service innovation is conducted. It takes into account the complexity of services. This complexity extends to service innovation, which makes it difficult to propose a comprehensive definition of service innovation.

Social - A focus on social innovation in economics and management is also carried out. The notion is first defined, with emphasis on the different governance logics of the associated creative processes. Two major issues of innovation are finally raised: its governance and its measurement.

Space - Does space matter? It would seem that, yes, innovations appear in all types of urban, peri-urban and peripheral or isolated rural spaces. However, there is a very strong urban hierarchy in which a few metropolises are at the top of the pyramid in terms of innovation production. Conversely, firms located in remote or peripheral areas would be constrained in their access to innovation resources, due to the low population density in these areas and the lower variety of resources available.

Standardization - Innovation management standards are defined in this volume as a voluntary process of specification development based on consensus among all interested parties (private and public actors). They provide recommendations or requirements that organizations can refer to, in order to improve their processes.

Synchronization - The role of coordination and synchronization between the actions undertaken by the members of innovation networks is studied. They help ensure the performance of an innovation project.

System - The concept of national innovation system (NIS) is analyzed. Its main contribution is to consider as significant and determining the relationships between organizations and actors that promote the realization of innovation. The NIS is essential to interpret the growth and technological competitiveness of states.

Tax - The taxation of innovation is also emphasized. The tax system plays an important role in supporting innovation. Between incentives and efficiency, it is a question of finding the right balance between attracting and not discouraging. Three main areas of the link between innovation and taxation are identified: incentives, attractiveness, and innovation policies.

Technology - A theoretical model of technology for innovation is developed. It includes the following five stages: generation of the innovative idea, followed by a stage in which the feasibility of the idea is demonstrated, and then by a development phase in which the performance and economy of the new technology is determined. This is followed by an industrialization phase, and finally the use of the new technology.

Timing - The concept of innovation timing is analyzed. The date of introduction of the innovation and the identity of the innovating firm are essential in the theories of innovation economics. The upheavals in the industrial economy and the tools for analyzing investment strategies help explain the evolution of the study of innovation timing.

Trajectory - The definition of the concepts of paradigms and technological trajectories is proposed. Then the trajectory is studied in the context of the evolution of the company. A reflection follows, both on the role of dynamic capacities and knowledge capital in the formation of trajectories and on the consequences of their collective formation.

User - The main motivations pushing users to develop innovation by their own are analyzed. Then, the main approaches by which users are integrated in the innovation processes of firms are reported. The symbiosis between user innovation and paradigm innovation is also illustrated.

Value - The source and specificity of the value of innovations is discussed while looking at the methods for assessing their private and social value.

Work - The concept of innovative behavior at work by an employee is put forward. It is a behavior desired by organizations, but neither systematically required, nor necessarily recognized. In this sense, it is an extra-role behavior, beyond the prescribed role.

X-Innovation - The first volume ends with a glossary of terms associated with technical innovation under the term X-innovation. This multiplication is justified by the broad appropriation of innovation in various fields. The glossary addresses the following types of innovation: Agile innovation, Digital innovation, Dual innovation, Environmental innovation (or Eco-innovation), Frugal innovation (and Jugaad), Reverse innovation, Managerial innovation, Minor (or Incremental) innovation, Open innovation, Participatory innovation, Radical (and Disruptive) innovation, Responsible innovation, Social innovation, Strategic innovation, Systemic innovation.

Volume 2 – Special Themes

Meaning - Including in the second volume of the handbook, a new approach of innovation, "Thinking the Meaning of Innovation", goes over the designation of a single solution to identify a set of potential answers from multiple fields. It constitutes an important reshaping in the field of innovation studies, building on both conceptual and operative analyses.

Engineering - The sector of innovation engineering is also explored, from a detailed practical way in the french context. In particular, the risks of innovation engineering are explained, and practitioners can use these pieces of advice to optimize their actions.

Absorption - The absorptive process of knowledge related to its impact on innovation is updated with new forms and variety of facets.

Big Data - Innovation studies are extended with a prospective of key information technology (IT) sectors that include big data and artificial intelligence.

Blockchain - Blockchain is also analyzed in relation with innovative co-creation processes.

Bricolage - The concept of "bricolage", also knew as DIY (Do It Yourself) – combining practices of creation, repairing and re-purposing, generally without marketing goal, neither automatized processes, and with a large part of improvisation – is studied for its high potential of creativity and practices to develop innovation studies, in particular related to frugal innovation.

Circularity - The correlations between circular economy and innovation studies are also implemented in the handbook.

Co-creation - The different facets of co-creation are differentiated to be able to show their potential of symbiosis regarding to innovation studies.

Community - The notion of communities of practices is developed in all its complexity, that includes connection and harmony between community members, methods of community co-development, virtualized community ground, and how innovation processes benefit from communities of practices.

Craftsman - Also related to the second volume, the field of crafts is analyzed in accordance with the key role of the figure of the craftsman with the aim of integrating concerned specifications to innovation studies. Beyond the ancient industrial era and its countless reshaping, the affiliation of the craftsman's methods supply, building on elements of tradition and dynamism of modernity, is an important asset for innovation studies. In particular, to be able to get beyond from imperatives of high cost patenting, and to produce continuous innovation with spontaneous and assembly dynamics.

Defense - Are also emphasized innovation processes in the military sector for the dual use of developed technologies. Military innovation processes study allows to distinguish the matrices of knowledge intensive on-put, high tech driven contribution, and consideration of demand.

Design Thinking - Furthermore, design thinking as a pragmatic way to develop products, services and experiences for consumers, is methodologically analyzed, from the origin and evolution of the field to its role in innovation management. Its steps are exposed: discovering needs of customers, generating and developing related ideas with the contribution of the stakeholders, testing shaped ideas with a large range of methods and devices, allowing to boost related innovation management.

Digital - In harmony with the advent of the digital era, IT entrepreneurship is analyzed in concordance with innovation studies. In a prospective way, innovators must be in sync with digital sectors that include artificial intelligence, cybersecurity, cryptocurrencies, internet of things, blockchain and quantum technologies. Most future related innovations will be highly disruptive and involve to be part of these sectors and catch the opportunities for the IT entrepreneurs, and beyond. For that purpose, the dynamics of IT entrepreneurship are clearly refined. The innovative successful companies of the domain and their related categories are analyzed, from start-ups to GAFAM (Google Apple Facebook Amazon Microsoft). The exposition of the variety of entrepreneurial IT ventures is also crucial to be aware of the innovative opportunities of the sector. A dedicated part of the analysis covers digital entrepreneurship in the field of innovation studies and aims to extend the knowledge of the domain. IT entrepreneurial processes, stakeholders, ecosystem strategies, platform policies are parts of the analysis. The full pieces of explanation allow to give a detailed image of digital entrepreneurship related to their innovative dynamics.

Entrepreneurship - Social entrepreneurship is also analyzed in an innovation studies approach. Social entrepreneurship aims to go over traditional entrepreneurship to integrate values beyond commercial only imperatives. In particular, social parts can be related to environmental sustainability and commons.

Fintech - The second volume also plainly considers Fintech, as the new symbiotic cross sector that combines finance and technology. Fintech prospective is crucial because of the parallel with the permanent progress of computing technologies they are linked with. The potential of disruptive and sustaining innovations related to the fintech sector are exposed. The progress of IT support in finance is analyzed, in particular in a historical and evolutionary approach.

Gerontech - Also developed in the second volume, the sector of the aging support. The silver economy is analyzed considering the "gerontech" dynamics of innovation. A relevant and key research question is formulated to bring an important knowledge about aging being a driving force of innovation and silver economy an important new domain of economy that can have a key impact on economic growth. A state-of-the-art of the gerontech is produced. All of these analyses allow to generate a relevant approach related to the new terminology of "geront'innovations" that considers concerned innovations in a full way: technological, including internet of things, robotics, computer-aided surgery, assistance and security systems, bionics possibly related to implants and nanotechnologies, and beyond.

Greentech - Innovation vectors for environmental transition are also studied, including renewable and non-carbonated energies, and innovative CO2 capture devices. Innovations on nanotechnologies, especially concerning healthcare are shown. Transitional industrial innovations are analyzed, including recycling of metals, textiles and glass. Innovative green reconfiguration of technological and societal systems are explained for their symbiotic dynamics.

Hacker - Also part of the second volume, the modern meaning of the term "hacker" is analyzed, in particular the way how hacker culture spread and influenced the society in relation with its impact on innovation, including with the free software / open source movement, and the emancipation of "innovative consumers".

Health - Particularly boosted by the pandemic, health innovations, including telemedicine, are studied. Progress of IT tools that allow the development of telemedicine are emphasized.

Intellectual Corpus - Knowledge-based innovation is analyzed in an industrial context. In particular, the way industrial creatives ideas can be transformed in knowledge. For that purpose, the key concept of innovation studies, KBI (Knowledge-Based Innovation), is refined regarding with the last state-of-the-art, and the emerging ICAROS model is explained for its potential impact on industry.

Imagination - A dedicated study of the second volume shows that Science Fiction, anticipation literature and imagination have a crucial impact on the shaping of radical innovation. Are analyzed that Sci Fi always been a source of inspiration for space agencies and firms, and that related novels led to the diffusion of storytelling, especially on the young engineers' minds that became innovators in their career.

Marketing - Cooperation between academics and industrial agents in the domain of innovation marketing is precisely studied.

Milieu - It is also shown that territorial development has a major impact on the knowledge creation and innovative processes. That leads to stimulate the economic growth at all the potential scales, from local to regional ones. For that issue, the concept of innovative milieu is refined. In particular, its networking potential is emphasized. The full analysis, enriched with the study of the European Research Group on Innovative Milieu (GREMI, from its French name – Groupe de Recherche Européen sur les Milieux Innovateurs), is an essential contribution for innovation studies.

Nanotech - The booming industry of nanotechnologies is historically analyzed allowing to present their most updated and prevision innovative applications.

Novelty - The impact of creativity on innovation and novelty is also largely studied.

Open - The open paradigm is analyzed, in particular for its contribution to innovation studies. It includes open data and open source software and hardware. The historicity of the open movement allows to understand the filiation and common dynamics of the sectors. In relation, the concepts of commons and digital commons are explained in sync with the perspective of Elinor Ostrom.

Personality - The singularities of the innovator figure, building on a clear definition of innovation, are characterized. For that purpose, the functions of the various stakeholders of the innovation process are analyzed. The central role of the innovator in this process is shown. The personality and the social function of the innovator are emphasized, as his understanding of the market economy from the historical Schumpeterian perspective to the last evolutions. In that perspective, a study of the deviant personality of the innovator is shaped as an asset of innovation studies.

Real Estate - Also integrated to the second volume, the processes of innovation in relation with the real estate sector are established, including financial and human resources implications. The innovative practices of the real estate are shown and related with the stakeholders that include developers, brokers, property and asset managers.

Skills - The singular entrepreneurial skills contextual to innovation are analyzed. They include creativity, self-efficacy, enthusiasm, empathy, curiosity, brokering, risk propensity and leadership. Competencies, resources and dynamics of ideas are also emphasized.

Small Business - The characteristics of the small business companies related with innovation are shown. The importance of outside knowledge and of public support are analyzed in that perspective.

Spin-off - The role of the spin-off innovation related to universities is studied. The evolution of the R&D spin-offs and the perspectives of the phenomenon are established.

Start-up - Start-ups, venture capital and related financial cycle are also studied in an innovation study approach.

Territory - The innovative services related to territorial dynamics are analyzed. For that purpose, the singular innovation processes in the sector of services are fully characterized. The knowledge-intensive business services (KIBS) is used for the understanding of the innovations characteristic in the service sector. The geography of innovation related to highly intensive business services is also done in a relevant way with KIBS. The key role of public support to boost territorial dynamics is shown.

Well-being - Finally, the notion of well-being is analyzed regarding to its impact on innovation. In line, the Schumpeterian creative destruction is interpreted for its role on well-being. That development constitutes another asset for innovation studies because it largely extends the few previously done.

Du client au consommateur

LONDEIX, Olivier, *Du client au consommateur. Casino, une chaîne succursaliste française (1898-1960)*, Paris, CTHS, 2021, 380 p.

Par Cédric PERRIN

En se focalisant sur l'industrie et les grandes entreprises dans une enquête sur les origines de la croissance, l'histoire économique, de façon générale, et l'histoire des entreprises (ou *Business History*), sur un champ d'investigation plus précis, ont quelque peu délaissé le domaine des services, du commerce et de la distribution. Depuis plusieurs années maintenant, un ensemble de travaux s'emploient à combler cette lacune dans une dynamique internationale animée, par exemple, par le Center for the history of Retailing and Distribution (CHORD) établi depuis 1998 dans l'université de Wolverhampton en Angleterre. En parallèle, l'histoire de la consommation s'est également développée. Le livre (tirée d'une thèse de doctorat préparée à l'université de Paris Nanterre) qu'Olivier Londeix consacre à l'entreprise Casino s'inscrit dans ce courant de recherche. Il met en lumière un secteur d'activité en pleine transformation au XXe siècle mais dont l'histoire demeure encore mal connue. En historien, l'auteur s'intéresse plus particulièrement à la période qui court de la fondation de l'entreprise en 1898 à l'ouverture de son premier supermarché en 1960, une période de transition du commerce vers la distribution. Il a pris le parti d'une présentation en grandes parties et chapitres thématiques plutôt que chronologiques (au détriment peut-être d'une périodisation plus fine).

Les chapitres de la première partie suivent la genèse et le développement de l'entreprise dans un moment d'essor global du succursalisme en France qui progresse de 1792 magasins en 1906 à plus de 20 000 en 1930 (il se stabilise ensuite) mais sans remettre en cause l'hégémonie du commerce indépendant. Depuis la fin du XVIIIè siècle, de nouveaux types de commerce sont apparus (magasins de nouveautés, galeries, grands magasins, coopératives de consommation) et ont introduit de nouvelles pratiques commerciales, comme l'affichage des prix ou les promotions, mais l'essentiel des achats, alimentaires en particulier, se fait toujours dans les commerces indépendants à la fin du XIXe siècle. La création des Etablissements économiques de Reims en 1866 marque symboliquement un point de départ du succursalisme en France dont l'essor véritable attend néanmoins une vingtaine d'années de plus. L'originalité du succursalisme est de combiner la concentration des achats du commerce de gros et la décentralisation des ventes de celui de détail, dans un réseau tenu par des gérants engagés mais dépendants de la maison-mère (qui définit l'aménagement des magasins, la politique commerciale…).

En 1898, Geoffroy Guichard décide de transformer l'épicerie qu'il tient avec son épouse dans les locaux d'un ancien casino lyrique de Saint-Etienne, dont elle tire son nom, en société à succursales sur le modèle rémois. En 1913, celle-ci gère déjà 443 magasins. Le déploiement accéléré dans l'entre-deux-guerres atteint 1600 succursales en 1938, un chiffre qui reste stable jusque dans les années 1960. Casino se fait aussi producteur de chocolat, confiserie, droguerie, huile, parfumerie, charcuterie notamment. Après la Seconde Guerre mondiale, la société expérimente le libre-service qui ne concerne toutefois qu'à peine un quart des magasins dix ans plus tard. La tendance est alors à l'ouverture de magasins plus grand, de type supérette (dont 60 fonctionnent en 1958). Casino inaugure sa première grande surface (235m^2) à Nice en 1957 puis son premier supermarché (850 m^2) à Grenoble en 1960. En « patron charismatique », G. Guichard veut faire de Casino « une entreprise familialiste ». Il choisit de s'associer avec des membres de sa famille plutôt qu'à d'autres entrepreneurs stéphanois. Sur un mode paternaliste, il octroie des avantages à ses salariés afin de les fidéliser. L'entreprise est volontiers décrite comme une « grande famille » qui unit employés et direction dans une communauté d'intérêt et qu'incarne le club de football de l'A.S. Saint-Etienne, qui fait partie de ses œuvres sociales.

Les chapitres suivants s'intéressent à la question des relations de marché, et tout d'abord à l'espace et au temps du commerce. Aux yeux des habitants, la succursale est un petit commerce. Du côté de l'entreprise, on ne sait rien des critères qui président aux choix d'implantation. Le succursalisme français est marqué par la fragmentation régionale avec plus d'une centaine de sociétés qui se partagent le marché national, dont trois seulement disposent de plus de 1000 magasins en 1956 alors que la majorité en a moins de 100. Comme ailleurs en Europe et aux Etats-Unis, les succursalistes évitent de se concurrencer et les fusions ou rapprochements restent rares. Les relations de marché sont également marquées par le choix de Casino de se passer des fabricants, comme auparavant des grossistes, en se faisant lui-même fabricant, avec ses propres marques, afin de capter le bénéfice mais aussi de contrôler les prix et la qualité. La publicité est au cœur de cette stratégie bien que Casino dépense assez peu en la matière. La société stéphanoise privilégie l'affichage des prix en vitrine, la distribution de calendriers, d'un journal, etc. Les ventes sont stimulées par le développement de nouvelles techniques de conservation des produits périssables, comme les armoires réfrigérées, et le perfectionnement des emballages. La relation marchande est un rituel qui impose au gérant de succursales de soigner sa tenue, son magasin, l'accueil du client dont il doit retenir les goûts et les habitudes. Il s'agit d'instaurer une relation de confiance qui dépasse la méfiance à l'égard des vols dans le magasin et, réciproquement, celle des clients face au commerçant, de « civiliser les mœurs commerciales ».

La dernière partie de l'ouvrage aborde les relations avec l'Etat. Olivier Londeix rappelle comment la lutte des petits commerçants indépendants contre les nouveaux grands commerces au XIXe siècle a mené l'Etat à davantage taxer ces derniers. En 1911, l'amendement Berry augmente la patente des commerçants qui détiennent plus de cinq boutiques ; le succursalisme est ainsi spécialement visé. Guichard, devenu président du syndicat général des maisons et sociétés d'alimentation et d'approvisionnement à succursales multiples, né en 1906, organise la riposte par voie de presse. Le problème de la fiscalité resurgit dans les années 1950. Casino tente alors de mobiliser ses clients, par voie de pétition, pour obtenir une réforme des impôts indirects mais les projets s'enlisent (non seulement, comme le suggère l'auteur, en raison de la révolte poujadiste mais aussi du fait de l'opposition des communes qui redoutent l'effet d'une suppression de la taxe locale sur leurs budgets). Dans la première moitié du XXe siècle, l'Etat intervient également pour encadrer la pratique des ventes avec prime qu'une loi de 1951 finit par interdire mais dont l'application est compliquée ; Casino, par exemple, étudie aussitôt d'autres formules.

Un dernier chapitre suit les développements du libre-service après la guerre. Les Guichard l'ont découvert au cours d'un voyage aux Etats-Unis en 1930. Un nouveau voyage de succursalistes français en 1947 est directement à l'origine de l'ouverture des premiers magasins en libre-service en France par Goulet-Turpin puis Casino l'année suivante. Ces débuts sont toutefois un semi-échec. Les ventes ne progressent pas et la densité des libres services est inférieure en France à celle des pays voisins d'Europe du nord-ouest. Les gérants sont réticents face aux craintes de vol et à la transformation de leur métier. De plus, le passage à cette formule oblige à revoir l'agencement des magasins dont beaucoup se révèlent trop petits. Les succursalistes s'orientent alors vers l'ouverture de supérettes puis des premières grandes surfaces.

On peut regretter quelques répétitions et de nombreux et longs développements où l'auteur s'éloigne du cœur de son sujet, l'histoire de l'entreprise commerciale Casino. Il reste un peu au milieu du gué entre une histoire d'entreprise de facture plus classique et une histoire plus générale du succursalisme et des nouvelles formes de commerce, au risque de laisser le lecteur sur sa faim. Il n'en reste pas moins qu'Olivier Londeix apporte des données précises qu'il confronte aux acquis d'une historiographie, tant européenne qu'étatsunienne, qu'il maîtrise parfaitement. Son ouvrage constitue une contribution bienvenue et substantielle au chantier en cours de l'histoire du commerce et de la consommation.

A PROPOS DE M&O – RAS

ABOUT M&O – JSA

Marché et Organisations

La revue Marché & Organisations – Revue d'Analyse Stratégique (M&O – RAS) est une publication académique thématique dans les domaines de l'économie et de la gestion. Son objectif est d'offrir aux enseignants-chercheurs et aux praticiens un forum de premier plan pour communiquer, échanger et diffuser leurs idées et leurs recherches sur les dynamiques de marché et les liens qu'elles entretiennent avec les stratégies concurrentielles et la structure des organisations. Elle s'adresse aux enseignants-chercheurs et aux étudiants en sciences économiques et de gestion, ainsi qu'à un public plus large de décideurs et de managers, curieux de se tenir informés de l'évolution des interactions entre stratégie d'entreprises et marchés

La revue Marché & Organisations – Revue d'Analyse Stratégique (M&O – RAS) publie des articles de recherche de nature théorique et empirique, et qui traitent de sujets ayant un impact important sur l'économie et la gestion dans leur ensemble. En ce sens, la revue se veut comme une ressource précieuse pour les académiques, et fournit aux praticiens un moyen d'accéder à des connaissances utiles sur les dynamiques marchandes et les stratégies d'entreprises.

Tout article adressé à la revue Marché & Organisations – Revue d'Analyse Stratégique (M&O – RAS) est d'abord avisé par les rédacteurs en chef et les éditeurs invités en charge de la réalisation des numéros thématiques, avant d'être évalué de manière anonyme par au moins deux chercheurs, membres du comité scientifique ou choisis en fonction de leurs compétences.

Les articles soumis pour publication dans la revue Marché & Organisations – Revue d'Analyse Stratégique (M&O – RAS) doivent respecter les standards académiques en vigueur et sont évalués

Market and Organizations

Market & Organizations – Journal of Strategic Analysis (M&O - JSA) is a thematic academic publication in the fields of economics and management. Its objective is to provide a forum for academic researchers and practitioners to communicate, exchange and disseminate their ideas and research on market dynamics and their links with competitive strategies and organizational structure. It is aimed at teacher-researchers and students in economics and management, as well as at a wider audience of decision-makers and managers, who are interested in keeping abreast of developments in the interactions between corporate strategy and markets.

Market & Organizations – Journal of Strategic Analysis (M&O - JSA) publishes research articles of a theoretical and empirical nature, dealing with topics that have a significant impact on the economy and management as a whole. In this sense, the journal aims to be a valuable resource for academics, and provides practitioners with a means to access useful knowledge on market dynamics and business strategies.

Any article addressed to Market & Organizations – Journal of Strategic Analysis (M&O - JSA) is first notified by the editors and guest editors in charge of the thematic issues, before being evaluated anonymously by at least two researchers, members of the scientific committee or chosen according to their skills.

Articles submitted for publication in Market & Organizations – Journal of Strategic Analysis (M&O - JSA) must comply with current academic standards and are evaluated on the basis of their originality and quality. They may be written in French or English and cover areas such as industrial economics, management, entrepreneurship, human resources management, organizational sur la base de leur originalité et de leur qualité. Ils peuvent être rédigés en français ou en anglais, et couvrir des domaines tels que l'économie industrielle, le management, l'entrepreneuriat, la gestion des ressources humaines, la théorie organisationnelle et les méthodes de recherche. Les approches méthodologiques qualitatives et quantitatives sont les bienvenues, incluant les études économétriques, les études de cas, les études expérimentales, la simulation numérique, et les monographies historiques. Sous réserve que le sujet du Cahier le justifie et que la ligne éditoriale de la revue soit respectée, des articles en droit, sociologie et histoire peuvent être acceptés. Les articles publiés peuvent être mono ou multidisciplinaires.

Les contributions peuvent être en langue française ou anglaise.

Les articles proposés :
- 6000 à 10 000 mots incluant la bibliographie, les tableaux, les figures et les annexes,
- Soumission de l'article à l'adresse suivante : https://mo.manuscriptmanager.net

Marché et Organisations – Revue d'analyse stratégique est une publication sous la responsabilité éditoriale du Réseau de Recherche sur l'Innovation : http://2ri.eu

La revue est diffusée par Cairn : https://www.cairn.info/revue-marche-et-organisations.htm

theory and research methods. Qualitative and quantitative methodological approaches are welcome, including econometric studies, case studies, experimental studies, numerical simulation, and historical monographs. Articles in law, sociology, and history may be accepted, provided that the topic of the Cahier justifies it and that the editorial line of the journal is respected. Published articles may be mono or multidisciplinary.

Contributions may be in French or English.

The proposed articles:
- 6000 to 10 000 words including bibliography, tables, figures and appendices,
- Submit the article to the following address: https://mo.manuscriptmanager.net

Market & Organizations – Journal of Strategic Analysis (M&O - JSA) is a publication under the editorial responsibility of the Research Network on Innovation: http://2ri.eu

The journal is distributed by Cairn: https://www.cairn.info/revue-marche-et-organisations.htm

MARCHÉ ET ORGANISATIONS
L'HARMATTAN

Numéros précédemment parus

N°1 : Artisanat. La modernité réinventée, 2006
N°2 : La petite entreprise, elle a tout d'une grande. De l'accompagnement aux choix stratégiques, 2006
N°3 : Tourisme et Innovation. La force créative des loisirs, 2007
N°4 : Le travail. Formes récentes et nouvelles questions, 2007
N°5 : Les universités et l'innovation. L'enseignement et la recherche dans l'économie des connaissances, 2007
N°6 : Entrepreneuriat et accompagnement. Outils, actions et paradigmes nouveaux, 2008
N°7 : Développement durable des territoires. Economie sociale, environnement et innovations, 2008
N°8 : Développement durable et responsabilité sociale des acteurs, 2009
N°9 : Gouvernance : exercices de pouvoir, 2009
N°10 : Le travail collaboratif. Une innovation générique, 2009
N°11 : Economie sociale et solidaire. Nouvelles trajectoires d'innovations, 2010
N°12 : Relations à la marque et marques de la relation. Regards croisés sur le management relationnel de la marque, 2010
N°13 : Les contrats au service de la recherche ?, 2011
N°14 : Le potentiel économique de l'Afrique subsaharienne, 2011
N°15 : Management de la distribution, 2012
N°16 : Territoire Vert. Entreprises, Institutions, Innovations, 2012
N°17 : Eco-conception, conception et innovation. Les nouveaux défis de l'entreprise, 2013
N°18 : Intelligence économique : entreprises et territoires, 2013
N°19 : La finance globale. Un monde fini, 2013
N°20 : La crise du « développement », 2014
N°21 : La Chine innove. Politiques publiques et stratégies d'entreprise, 2014
N°22 : Go East! Nouvelles Economies de Marché, 2015
N°23 : L'économie du changement, 2015
N°24 : Le temps des artisans. Permanences et mutations, 2015
N°25 : Innovations de proximité et esprit d'entreprise, 2016
N°26 : L'avenir des économies du Maghreb, 2016
N°27 : Le sport aux frontières du marché du travail, 2016
N°28 : Dynamiques internationales des entreprises, 2017
N°29 : L'univers du risque, 2017
N°30 : Petites entreprises dans l'histoire industrielle, 2017
N°31 : Economie sociale et *Social Business* ? Au défi d'entreprendre et se financer, 2018
N°32 : Education et fertilisation des économies africaines, 2018
N°33 : L'entrepreneuriat innovant dans les pays du Maghreb, 2018
N°34 : L'entrepreneuriat scientifique : institutions et innovation, 2019
N°35 : Le champ économique de la culture, 2019
N°36 : Economie sociale et solidaire ? Modèles d'innovation et modes de gouvernance, 2019
N°37 : Rethinking luxury business, 2020
N°38 : La santé connectée. Nouvelles technologies et réorganisation des soins, 2020
N°39 : Options stratégiques et systèmes complexes d'innovation, 2020
N°40 : Les Services : Intégration des systèmes productifs et lien social, 2021
N°41 : Crise pandémique, crise globale : Réalité et controverses théoriques, 2021
N°42 : La crise de la Covid-19. Le marché et les organisations en perspective, 2021
N°43 : (Re)Faire système. *Bug* & *Reset*, 2022
N°44 : Aléas du marché et management du risque, 2022

Structures éditoriales du groupe L'Harmattan

L'Harmattan Italie
Via degli Artisti, 15
10124 Torino
harmattan.italia@gmail.com

L'Harmattan Hongrie
Kossuth l. u. 14-16.
1053 Budapest
harmattan@harmattan.hu

L'Harmattan Sénégal
10 VDN en face Mermoz
BP 45034 Dakar-Fann
senharmattan@gmail.com

L'Harmattan Cameroun
TSINGA/FECAFOOT
BP 11486 Yaoundé
inkoukam@gmail.com

L'Harmattan Burkina Faso
Achille Somé – tengnule@hotmail.fr

L'Harmattan Guinée
Almamya, rue KA 028 OKB Agency
BP 3470 Conakry
harmattanguinee@yahoo.fr

L'Harmattan RDC
185, avenue Nyangwe
Commune de Lingwala – Kinshasa
matangilamusadila@yahoo.fr

L'Harmattan Congo
219, avenue Nelson Mandela
BP 2874 Brazzaville
harmattan.congo@yahoo.fr

L'Harmattan Mali
ACI 2000 - Immeuble Mgr Jean Marie Cisse
Bureau 10
BP 145 Bamako-Mali
mali@harmattan.fr

L'Harmattan Togo
Djidjole – Lomé
Maison Amela
face EPP BATOME
ddamela@aol.com

L'Harmattan Côte d'Ivoire
Résidence Karl – Cité des Arts
Abidjan-Cocody
03 BP 1588 Abidjan
espace_harmattan.ci@hotmail.fr

Nos librairies en France

Librairie internationale
16, rue des Écoles
75005 Paris
librairie.internationale@harmattan.fr
01 40 46 79 11
www.librairieharmattan.com

Librairie des savoirs
21, rue des Écoles
75005 Paris
librairie.sh@harmattan.fr
01 46 34 13 71
www.librairieharmattansh.com

Librairie Le Lucernaire
53, rue Notre-Dame-des-Champs
75006 Paris
librairie@lucernaire.fr
01 42 22 67 13